SUSANNE PETERMANN | Du hast mir gar nichts zu sagen!

Susanne Petermann

»Du hast mir gar nichts zu sagen!«

Stiefmutter sein ist nichts für Feiglinge

Dieses Buch erhebt keinen Faktizitätsanspruch. Es basiert zwar zum Teil auf wahren Begebenheiten und behandelt typisierte Personen, die es so oder so ähnlich gegeben haben könnte. Diese Urbilder wurden jedoch durch künstlerische Gestaltung des Stoffs und dessen Ein- und Unterordnung in den Gesamtorganismus dieses Kunstwerks gegenüber den im Text beschriebenen Abbildern so stark verselbstständigt, dass das Individuelle, Persönlich-Intime zugunsten des Allgemeinen, Zeichenhaften der Figuren objektiviert ist.

Für alle Leser erkennbar erschöpft sich der Text nicht in einer reportagehaften Schilderung von realen Personen und Ereignissen, sondern besitzt eine zweite Ebene hinter der realistischen Ebene. Es findet ein Spiel der Autorin mit der Verschränkung von Wahrheit und Fiktion statt. Sie lässt bewusst Grenzen verschwimmen.

Verlagsgruppe Random House FSC® N001967
Das für dieses Buch verwendete
FSC®-zertifizierte Papier *Super Snowbright*
liefert Hellefoss AS, Hokksund, Norwegen.

Copyright © 2015 by Diana Verlag, München,
in der Verlagsgruppe Random House GmbH
Redaktion | Regina Carstensen
Umschlaggestaltung | Eisele Grafik·Design, München
Umschlagfoto | © Angelica Schwab
Autorenfoto | © privat
Satz | Leingärtner, Nabburg
Druck und Bindung | GGP Media GmbH, Pößneck
Printed in Germany 2015
Alle Rechte vorbehalten
ISBN 978-3-453-28542-2

www.diana-verlag.de

*Für Andrea, Gisi, Kristin, Elke
und all die anderen starken Frauen!*

Inhalt

Einleitung – Willkommen im Club
der Stiefmutter! 11

1 Verliebt, verlobt, Stiefmutter 17

2 Vom Leben in der Schmuddelecke
und vom großen Schweigen 25

*Meine eigene Geschichte • Die Geschichte von Amelie
und Peter: Es geht immer nur ums Geld • Auf Facebook sieht
die Wahrheit manchmal anders aus als in der Wirklichkeit*

3 Die vielen Facetten der Stiefmütterhölle –
Frauen unter sich 47

*Die Geschichte von Kim und Michael: Wer ist denn jetzt
die Hex? Ex oder Next? • Die Geschichte von Merle
und Rudi: Die Stiefmutter als Ehebrecherin • Die Geschichte
von Iris und Edgar: »Patchwork hat mich ausgebrannt« •
Die Geschichte von Elfie und Rainer: Wenn die neue
Frau das Geld verdient • Scheidung vor 1977:
Die Hausfrauenehe • Die Geschichte von Renate und Dieter:*

*»Wir waren für alle Kinder gleichermaßen zuständig« •
Die Geschichte von Stella und Hartwig: »Wir hatten so viel
Arbeit, für Patchwork-Probleme war keine Zeit«*

4 Generation Anspruch – Kinder an die Macht? 89
*Wie eine verliebte Frau zur Stiefmutter wird und was
Kinder davon halten • Die Geschichte von Sandra und
Robert: Die Prinzessin und der vorgetäuschte Selbstmord •
Die Geschichte von Hiltrud und Marvin: »Für seine Tochter
bin ich Personal« • Die Geschichte von Gisela
und Manfred: Nach dem Tod ihres Mannes forderten
die Stiefkinder alles • Die Geschichte von Anna
und Bernhard: »Sein Sohn hat mich auf die Straße
gesetzt« • Die Geschichte von Barbara und Frank:
»Hilfe, mein Stiefsohn ist ein Kot-Terrorist« •
Die Geschichte von Veronica und Oliver:
»Ein eigenes Kind können wir uns wohl nicht leisten«*

5 Um sie dreht sich alles – die Männer 135
*Die Stiefmuttersituation in Männersprache • Die Geschichte
von Maria und Stefan: »Ich bin die Zweitfrau« •
Die Geschichte von Simone und Albert: »Seine Nummer eins
ist seine Tochter, ich komme mir vor wie die Geliebte« •
Sind Sie Zweitfrau oder seine große Liebe? • Die Geschichte
von Christiane und Martin: Ein Leben in der Warteschleife •
Von Vätern und Kollegenschweinen • Von den Vorsprüngen
der Frauen in Sachen Erziehung • Die Geschichte von Mia
und Hans: Seine Kinder und das Oktoberbaby •
Die Geschichte von Julia und Jan: »In unserer Wohnung
gibt es Geisterzimmer, nur für unser Baby ist kein Platz«*

6 Das Familienrecht –
Wo bleibt hier die Gerechtigkeit? 185
Die Geschichte von Jana und Pierre: »Die Mutter meiner Stieftochter ist eine Schlampe« • Eltern-Kind-Entfremdung: Das Parental Alienation Syndrome (PAS) • Bin ich Kumpel oder bin ich verstimmt? Eine Scheidungstypologie • Ansichten eines Familienrechtsexperten • Der Staat macht so seinen Reibach bei Scheidungen • Absurde Gerichtsentscheidungen • Wieso werden Kinder zu Kriegsberichterstattern? • Möglichkeiten, etwas zu verbessern, gibt es genug

Resümee: So kann es nicht weitergehen 231
Literatur zum Weiterlesen 233
Nützliche Adressen 235
Dank 239

Einleitung – Willkommen im Club der Stiefmutter

Auf den Tag, an dem ich zur bösen Stiefmutter erklärt wurde, war ich nicht im Mindesten vorbereitet. Es gab keine warnenden Vorzeichen. Vormittags hatte ich noch den Baum geschmückt, gemeinsam mit meinem Mann die Geschenke eingepackt und zwei Kuchen gebacken. Die klassischen Heiligabend-Aktivitäten einer Next, einer zweiten Frau eines Mannes mit Kindern. Hätte mir jemand gesagt, dass sich die weihnachtliche Idylle wenig später explosionsartig auflösen würde – ich hätte ihn ausgelacht.

Kurz bevor es zum Eklat kam, saßen wir alle friedlich am Tisch, tranken Kaffee und aßen selbst gemachte Waffeln, während George Michael »Last Christmas« im Radio sang. Nur wenige Minuten später brach dann ein Tumult aus, der mein Leben radikal ändern sollte. Der Anlass war nichtig, die Folgen gravierend. Es ging um einen Praktikumsplatz, den die Tochter meines Mannes nicht antreten wollte. Die beiden führten einen heftigen Wortwechsel, und als ich mich irgendwann einmischte, um zu beruhigen, was sicher nicht klug, aber menschlich war, fiel der berühmte Satz: »Du hast mir gar nichts zu sagen!« Seit diesem Weihnachtsfest haben mein Mann und ich seine Tochter nicht mehr gesehen, wir kennen weder ihre jetzige Adresse noch ihre neue Telefonnummer. Mein Mann drohte unter dem Kontaktabbruch zu zerbrechen. Seine nach der Scheidung immer präsenten unterschwelligen Ängste, die Kinder zu verlieren, schienen sich plötzlich zu bewahrheiten. Nie hatte ich diese Angst zuvor verstanden, er hatte doch immer alles für sie getan.

Hatte ich etwas falsch gemacht? Wenn ja, was? Ich stellte mir diese Frage immer und immer wieder, zermürbte mich mit Selbstvorwürfen. Parallel begannen die ersten Auseinandersetzungen mit meinem Mann. Diskussionen über Erziehungsfehler, Schuldzuweisungen und eisiges Schweigen bestimmten plötzlich unsere Beziehung. Von Freundinnen, allesamt ohne Stiefkinder, hörte ich so schlaue Sätze wie: »Aber du wusstest doch, dass er Kinder hat. Das hätte dir doch vorher klar sein müssen.« Als ob ich eine Kristallkugel daheim hätte, die sämtliche Tücken und Fallen vorhersagt. Ich war völlig verzweifelt, spielte sogar mit Trennungsgedanken.

Heute, zwei Jahre später, bin ich tiefenentspannt. Ich streite mit meinem Mann maximal um die Fernbedienung, wir sagen uns jeden Tag, dass wir uns lieben, und wir sind wieder glücklich. Ich freue mich sogar auf Weihnachten, auch wenn nur noch zwei seiner drei Kinder zu uns kommen. Was ist in der Zwischenzeit passiert? Wie haben wir es geschafft, die durchaus ernsten Probleme mit seinen Kindern von unserer Partnerschaft zu trennen?

Einige Wochen nach diesem verhängnisvollen Heiligabend hatte ich angefangen, in Sachen Patchwork zu recherchieren. Schließlich bin ich Journalistin. Beobachten, Fragen stellen und analysieren gehört zu meinem Beruf. »Wie gehen andere Stiefmütter mit solchen Situationen um, wo finden sie Hilfe und Lösungen?«, fragte ich mich. Das Ergebnis meiner Recherchen war erstaunlich und beeinflusste mich enorm. War ich anfänglich noch von einer »hausgemachten Krise« ausgegangen, hatte nach meiner persönlichen Schuld gesucht und mich gefragt, was ich als Stiefmutter hätte anders machen müssen, kam ich bald zu der Erkenntnis, dass unsere Situation gar keine individuelle war. Ich war nur eine von vielen Stiefmüttern und damit Leidtragenden einer Gesellschaft und eines Familienrechts, das erste Familien bevorzugt und damit viele Exfrauen und Kinder zu Despoten mutieren lässt. Einige Stiefmütter verglichen sich in den Gesprächen, die ich mit ihnen führte, mit Aschenputtel, fühlten sich als eine Art Dienstmagd, wenn es um die Kinder ihres Partners und um seine Exfrau ging. Sie litten, weil sie ihre Situation so wenig selbst beeinflussen konnten, von einer Konfliktlösung waren sie weit entfernt.

Diese Hilflosigkeit, diese Ohnmacht kannte ich ebenfalls. In meinem früheren Leben als Single war ich es gewohnt, Probleme eigenständig zu lösen, Schwierigkeiten am Schopf zu packen und anzugehen. Aber das geht als Stiefmutter nicht so einfach, man ist nämlich Teil eines Familienverbands, in dem nicht nur der Mann und die Kinder, sondern auch noch die Exfrau und deren neuer Mann ihren Platz verlangen. So manche Exfrau gibt selbst Jahre nach der Trennung die Zügel nicht aus der Hand.

Ich traf Stiefmütter wie Kim, deren Vorgängerin all ihre Energie in Rache steckt und keinerlei Skrupel hat, dafür die eigenen Kinder zu missbrauchen. Ich erfuhr von Jana und Birgit, wie es sich anfühlt, wenn das Recht auf der Seite der Mutter steht – auch wenn diese ihr Kind offensichtlich verwahrlosen lässt. Hiltrud und Sandra haben es mit Partnern zu tun, die sich von den Kindern und der Exfrau wie eine Marionette manipulieren lassen, Iris brachte ein Stiefmutter-Burn-out sogar in die geschlossene Anstalt. Ich hörte Geschichten von Wochenendaktionen, die regelmäßig umgeschmissen werden, weil die Exfrau unerwartet ihre Pläne ändert, und von Besuchskindern, die ungewaschen, in viel zu kleinen Schuhen und mit zerlöcherter Kleidung zum Umgangswochenende geschickt werden. Von unerzogenen, renitenten Stiefmonstern, die ihren Vater skrupellos erpressen, und butterweichen Verwöhn-Papas, die zu Geschenke-Onkeln mutieren. Manches kannte ich bereits aus eigener Erfahrung, anderes ließ mich entsetzt schaudern.

Was mich aber am meisten erstaunte: Trotz der Horrorszenarien war keine Frau bereit, offen, ohne Visier und den Schutz der von mir zugesagten Anonymität zu sprechen. Zu groß war die Angst vor der Verurteilung durch den Partner oder die Umgebung. Stiefmutterprobleme sind ein Tabu, es darf diese Schwierigkeiten nicht geben. Wer sie hat, macht offenbar etwas falsch und ist daher selbst schuld. Und das Paradoxe ist: Die Stiefmutter übernimmt diese Denkweise. Lieber verstummt sie, als dass jemand von ihrem »schlimmen Geheimnis« erfährt. Dabei waren die Frauen, mit denen ich gesprochen hatte, ansonsten durchaus selbstbewusst. Sie waren auch keine bösartigen Hexen, die ihre Stiefkinder am liebsten vergiften würden. Wenn also ganz normale, nette, sympathische, moderne Frauen allesamt vor ähnlichen Hürden standen, konnten deren Auslöser nicht individueller Natur sein. Sprich, nicht die Stiefmutter war die Ursache ihrer Probleme, sondern die Situation, in der sie sich befand.

Mir hat diese Erkenntnis eine neue Dimension mit meinem Mann geöffnet. Ich habe den Mut gefunden, Klartext mit ihm zu reden. Über meine Ängste und Gefühle ihm und seinen Kindern gegenüber. Ich bin irgendwann sogar in meinem Umfeld ehrlich mit meinem Scheitern umgegangen. Ich schäme mich heute weder für den Konflikt noch empfinde ich Schuld. Ich stärke meinem Mann, der natürlich unter dem Kontaktabbruch seiner Tochter leidet, den Rücken, verantwortlich fühle ich mich aber nicht mehr. Ich bin in erster Linie die Partnerin an seiner Seite und nicht die Stiefmutter seiner Kinder.

Die größte Hürde, die Front der Gesellschaft, wäre schnell erobert, sprächen alle Stiefmütter ehrlich über ihre Situation, ohne sich selbst oder anderen die Schuld zu geben, denn mit Schuldzuweisungen kommt man bekanntermaßen nicht weiter. Mit Offenheit und einem realistischen Selbstverständnis gelingt es viel eher, das alte Bild der »bösen Stiefmutter« aus den Köpfen zu vertreiben. Der Schritt zu einem neuen Familienrecht, in dem die zweite Familie die gleiche Wertigkeit hat wie die erste, wäre dann nicht mehr weit. Mit diesem Buch möchte ich Stiefmüttern Mut machen, etwas zu ändern. Schluss mit nervenaufreibenden Grabenkämpfen, Schluss mit Machtspielchen und Terror. Keine Stiefmutter sollte mehr die zweite Geige spielen müssen.

Ich möchte eine Lanze für Stiefmütter brechen. Ich erzähle aus ihrem »heimlichen« Alltag, beleuchte die Fallen, in die sie tappen können. Neben vielen Tipps für Stresssituationen berichten auch Juristen und Psychologen von ihren Erfahrungen. Die Vizemütter werden so besser gewappnet sein für die alltäglichen Auseinandersetzungen. Ich stelle Ihnen die möglichen Fronten auf dem Stiefmutterschlachtfeld vor und gebe Ihnen Strategien an die Hand, um zumindest einen Waffenstillstand zu erzielen. Ich habe aber auch Forderungen, zum Beispiel an den Gesetzgeber, der für Änderungen im Familienrecht zu sorgen hat. Allen Familien soll ein besseres Leben ermöglicht werden, dazu muss die Ungleichbehandlung der zweiten Familie aufhören. Dabei benötige ich dann Ihre Unterstützung. Vielleicht in Form eines Briefs an Ihren Bundestagskandidaten?

Ich behaupte nicht, dass der Weg leicht sein wird, aber er ist möglich. Zusammen sind Stiefmütter stark, und Sie wissen ja längst: Stiefmutter sein ist nichts für Feiglinge!

1 Verliebt, verlobt, Stiefmutter

Man kann nicht behaupten, dass die Situation aller Stiefmütter identisch ist, ganz im Gegenteil. Die Palette ist ungefähr so bunt und breit gefächert wie die Make-up-Abteilung eines gut sortierten Kaufhauses. Birgit zum Beispiel lernte ihre Stiefkinder kennen, als sie vier und acht Jahre alt waren, drei Wochen später zogen die beiden Mädchen plötzlich bei ihr und ihrem Mann ein. Dana hat ihren Stiefsohn noch nie gesehen, nicht einmal ihre Tochter durfte den Stiefbruder bisher treffen. Die Mutter des Jungen verweigert jeden Kontakt. Marlies ist schon zum zweiten Mal Stiefmutter, in ihrer ersten Ehe lief alles schief, heute lebt sie ein glückliches Patchwork.

Einige Stiefmütter wohnen mit ihren Stiefkindern zusammen, andere haben Besuchskinder oder praktizieren das Wechselmodell: eine Woche Mama, eine Woche Papa. Manche Frauen müssen Kinder und Stiefkinder unterschiedlichster Altersgruppen unter einen Hut bekommen, andere verabschieden sich vom Wunsch nach eigenen Kindern, weil dafür das Geld nicht reicht, der Partner keine weiteren Kinder will oder die Frau durch die Stiefkinder abgeschreckt ist. Wieder andere wünschen sich, das Kind des Partners zu ihrem eigenen machen zu können. Aus Sorge um das Wohlergehen des Kindes oder in der Hoffnung, dass die Probleme mit der Ex dann verschwinden.

Nicht wenige Frauen kennen ihre Stiefkinder nur von Fotos, da die leiblichen Mütter jeglichen Kontakt zwischen Vater und Kind unterbinden. Manche haben es mit einer Ex und einem Kind zu tun, andere mit einer ganzen Reihe von Exfrauen und Stiefkindern. Die zweiten Frauen können mit der Mutter ihrer Stiefkinder befreundet sein oder sie (H)Ex beziehungsweise ELSE (Extrem lernresistente schwer-umgängliche Exfrau) nennen. Alles ist möglich, alles ist Realität. So unterschiedlich Stiefmütter sind, eines verbindet alle: Sie haben wenig Verbündete und stoßen auf viele Vorurteile.

Patricia war eine der ersten Stiefmütter, die mich darauf aufmerksam machte. »Wenn bei uns etwas aus dem Ruder läuft, schauen mich alle schief an und tuscheln hinter vorgehaltener Hand. Jedenfalls kommt es mir immer so vor. Meine Schwiegermutter, meine Schwägerin, sogar mein Mann glauben, dass ich die Einzige bin, die für die Fehler zuständig ist. Den Kindern lassen sie alles durchgehen, die trifft nie die Schuld, und meinen Mann himmeln sie dafür an, dass er sie jedes Wochenende holt. Auch auf die Ex lässt niemand etwas kommen, Schwiegermutter und Schwägerin trauern ihr sogar heute noch nach. Somit bin ich die Böse. Ich wage schon gar nicht mehr, den Mund aufzumachen. Immer heißt es, die Kinder hätten es sich nicht aussuchen können, dass ich da bin. Ich dagegen hätte die Wahl gehabt, und mein Mann hätte mir auch nie verheimlicht, dass er Vater und geschieden war. Also müsste ich mich anpassen.«

Stimmt das eigentlich, wird in einer Patchwork-Konstellation stets dem Neuzugang, also der zweiten Frau, der Sündenbock zugeschoben?

In einer Fußgängerzone im Ruhrgebiet machte ich dazu einen Test in Form einer kleinen Umfrage. Von Passanten wollte ich wissen, wen die Schuld trifft, wenn es Probleme zwischen Stiefmutter und Stiefkind gibt. Natürlich ist das Ergebnis nicht repräsentativ, aber fast alle hielten die Stiefmutter für verantwortlich, schließlich sei sie die Erwachsene. Nur wenige meinten, es käme auch auf das Kind an. Ein einziger Mann (geschieden) meinte, dass die Ex, also die leibliche Mutter, einen Anteil an den Schwierigkeiten haben könnte. Auf die Idee, dass der Vater, die Gesellschaft oder gar das Familienrecht Verursacher von Spannungen sein könnte, kam niemand. Warum ist das so?

Nach meinen Recherchen bin ich davon überzeugt, dass die Konflikte der Stiefmütter an fünf Fronten auftauchen:

Front 1: die Gesellschaft
Front 2: die leiblichen Mütter
Front 3: die Kinder
Front 4: die Männer
Front 5: das Familienrecht

Selten werden die Konflikte nur an einer Front ausgetragen. Häufig schließen sich einzelne Parteien in einem gemischten Reigen zusammen und werden Alliierte. Die Gesellschaft verbündet sich zumeist mit den leiblichen Müttern. Kinder können sowohl mit den leiblichen Müttern als auch mit den Vätern als gemeinsame Front auftreten. Nur die Stiefmutter hat kaum Verbündete, selbst ihr Partner kann zum Überläufer werden und ihr in den Rücken fallen.

Dabei nehmen die meisten Frauen ihr Umfeld zunächst gar nicht als gegnerische Front wahr. Sie zucken zwar zusammen, wenn ihnen gesagt wird, sie wären schuld an den verzwickten Auseinandersetzungen, sie hätten doch gewusst, was auf sie zukommt, aber sie wehren sich nicht. Stattdessen fühlen sie sich schuldig. Sie glauben, sie müssten sich einfach nur noch mehr Mühe geben, dann würde alles gut. Wenn das nicht funktioniert, wird ihre Situation fatal. Sie merken, dass keine »Nicht-Stiefmutter« ihre Situation wirklich nachvollziehen kann, ihnen von Freundinnen keine Hilfe angeboten wird. Gleichzeitig wissen sie nicht, wo sie Hilfe oder Verständnis finden können. Schließlich verstummen sie und verstärken damit das Tabu. Die Stiefmutter wird verurteilt, nicht die Situation, in der sie lebt. Man ist überzeugt, die erste Familie sei vor ihr dagewesen, hätte also ältere Rechte, sie müsse sich eben arrangieren. Wie das gehen soll, ist ihr Problem.

An der zweiten, der weiblichen Front kommt es schon mal zum Schlamm-Catchen. Alle Krallen werden ausgefahren, wenn Ex und Next sich nicht verstehen. Heftig und quälend kann es werden, hat eine Stiefmutter das Pech, mit einer Ex konfrontiert zu sein, die keinerlei Skrupel kennt, ihre Kinder gegen den Vater zu instrumentalisieren. Das fühlt sich dann fast wie Terrorherrschaft an. Folterwerkzeuge gibt es genügend. Aufenthaltsbestimmungsrecht, Sorgerecht, Unterhaltspflicht, Umgangswochenende, Zusatzausgaben, Barunterhaltspflicht, Selbstbehalt, Elternzeit, Düsseldorfer Tabelle – die Liste der Begriffe, mit denen eine machthungrige Ex jonglieren kann, ist lang. Die Stiefmutter darf sich nicht in diese Dinge einmischen, sie soll höchstens verständnisvoll nicken, zuhören und ansonsten bitte schön ruhig sein.

Das hat zum Teil absurde Folgen, die vor allem an der dramatischen dritten Front, bei den Kindern, deutlich werden. Die fordern, strafen ab, werden zu Mamis kleinen Stellvertretern. Der Satz: »Du hast mir gar nichts zu sagen« ist da noch harmlos.

Die Kinder des Partners jedes zweite Wochenende zu ertragen, kann der gleiche Horror sein wie früher mit der sturen Schwiegermutter unter einem Dach zu leben. So wie manche Schwiegermutter damals mit der Ehefrau um die Gunst des Sohnes/ Ehemannes buhlte, wie sie ihre angestammten Rechte verteidigte und dabei zum Teil mit harten Bandagen kämpfte, so machen es heute die Kinder mit dem Vater – oft unterstützt oder sogar angestachelt von der Mutter. Alles soll wie immer laufen, sprich, nach den Regeln der alten Familie. Die Einstellung der Stiefmutter ist ihnen gleichgültig.

Und agiert der Partner bei auftauchenden Problemen auch noch nach dem Vogel-Strauß-Prinzip, kann die Next nur fassungslos zusehen, wie ihr ansonsten selbstbestimmter Mann nach der Pfeife eines Fünfjährigen oder nach den Wünschen eines aufsässigen Teenagers tanzt oder überzogene Forderungen der Ex widerspruchslos mitmacht. Weist sie ihn darauf hin, dass es so nicht weitergehen könne, fühlt er sich wiederum unverstanden. Groß ist nämlich seine Angst, dass die Mutter ihm den Kontakt zu seinen Kindern verweigert. Und mit der Entschuldigung: »Es sind doch meine Kinder, und ich sehe sie so selten« schlägt er sich vielleicht sogar auf deren Seite. Schnell wird der Partner auf diese Weise zur vierten Front.

Dieser Mehrfrontenkrieg ist unglaublich anstrengend, an der neuen Paarbeziehung geht er kaum spurlos vorbei.

Zusätzlich zu all den schon erwähnten Konflikten im Leben einer Stiefmutter können die Ungerechtigkeiten im Familienrecht zur fünften Front werden. Hier ist sie komplett hilflos, es werden Entschlüsse gefasst, die sie einfach nur widerspruchslos zu akzeptieren hat. Selbst wenn die Kinder bei ihrem Vater leben, also auch bei ihr, wird sie beim Familiengericht meist nicht gehört, muss vor dem Saal auf die juristisch getroffenen Entscheidungen warten. Der Staat denkt, wie gesagt, vorrangig an die erste Familie. Jedenfalls an die Mutter der ersten Familie. So kann es sein, dass ein Vater zum Zahlmeister degradiert wird, seine Kinder aber dennoch nicht sehen darf, weil das die Psyche der Mutter zu sehr belasten würde. Vielleicht fällt ein Richter sogar das Urteil, dass die Stiefmutter die Ansprüche dieser ersten Familie anteilig zu erfüllen hat.

Ebenfalls fragwürdig: Das eventuelle Plus in der gemeinsamen Haushaltskasse, das durch ein Ehegattensplitting in der zweiten Ehe entsteht, sorgt für eine Erhöhung des Unterhalts gegenüber der ersten Familie. Umgekehrt führt aber eine Lohnkürzung, die der Mann in seiner Firma etwa aus betriebsbedingten Gründen hinnehmen muss, nicht umgehend zu einem niedrigeren Unterhalt. Im Gegenteil, ein Richter kann anordnen, dass er zusätzlich einen Nebenjob annehmen muss. Die fünfte Front zeigt der Stiefmutter ihre Stellung innerhalb der Familie – sie nimmt den hintersten Rang ein.

Dabei reichen den meisten Frauen schon die vier zuvor genannten Fronten. Ich habe bei meinen Interviews von Abgründen erfahren, die ich nicht für möglich gehalten hätte. Ich war mir schließlich sicher: Wüssten Stiefmütter tatsächlich, was auf sie zukommen kann, gäbe es kaum diese Art der Lebensgemeinschaft. Dann hätten Männer keine Chance, eine zweite Frau zu finden!

Ich will keiner Frau ihren gebrauchten Mann ausreden. Meinen gebe ich nie wieder her. Aber als Stiefmutter braucht man nicht nur Mut, man sollte sich auch mit Humor wappnen. Darum ist mein erster Tipp an alle Stiefmütter zwar durchaus ernst gemeint, aber mit einem Augenzwinkern zu nehmen:

→ **Tipp für Stiefmütter**

Denken Sie positiv! Die »normalen« Beziehungsstreitpunkte wie Zahnpastatuben, herumliegende Socken, endlose Fußballabende oder Stammtische sind für Stiefmütter Nichtigkeiten. Über Beziehungsfallen dieser Art wird kaum mehr gestritten. Alles hat also sein Gutes.

2 Vom Leben in der Schmuddelecke und vom großen Schweigen

Meine eigene Geschichte

Mein Mann und ich hatten uns auf einem Internetforum für Singles kennengelernt, und unser erstes Date war am 30. Dezember. In der Ferne hörte man die ersten Silvesterknaller, und auch Raketen zischten schon Richtung Himmel, als wir durch die Straßen gingen. Es war eine besondere Stimmung. Die wichtigsten Eckdaten aus seinem Leben kannte ich bereits. Sigi war seit acht Jahren geschieden, hatte drei inzwischen fast erwachsene Kinder, lebte in Norddeutschland und arbeitete in Belgien. Jeden Montag fuhr er gegen vier Uhr früh los, kam donnerstags spätabends zurück. Natürlich hätte er schon vor Jahren nach Belgien ziehen können, aber dann wäre der Kontakt zu seinen Kindern, die nach der Trennung bei der Mutter lebten, wohl abgebrochen. Ein Ferienpapa, der seine Kinder nur in den Sommer- oder Herbstferien für zwei bis drei Wochen sieht, wollte er jedenfalls nicht werden. Deshalb nahm er in Kauf, jede Woche weit über tausend Kilometer zu fahren. Mir gefiel diese Einstellung. Ein Mann, der Verantwortung für seine Kinder übernimmt, kann kein schlechter Mann sein, dachte ich mir. Wir hatten vor unserem Treffen bereits mehrfach telefoniert, seine Stimme war sehr sympathisch, und als wir uns dann an jenem Tag vor Silvester das erste Mal sahen, war es tatsächlich die berühmte Liebe auf den ersten Blick.

Die Tochter, die ich zuerst kennenlernte, war das mittlere, das sogenannte Sandwich-Kind, sie war damals neunzehn, bildhübsch und bezaubernd, der Sohn, siebzehn, charmant, eher zurückhaltend. Wir verstanden uns gut, haben miteinander telefoniert, waren auf Facebook befreundet und chatteten über Skype. Die Älteste, zwanzig, war als Au-pair in den USA, sodass wir sie erst während unseres ersten gemeinsamen Urlaubs besuchten. Eigentlich lief alles tatsächlich genauso wie im ZDF-Sonntagsfilm: die perfekte Patchwork-Idylle.

Über die Probleme, die als Stiefmutter auf mich zukommen könnten, machte ich mir zu dieser Zeit gar keine Gedanken. Warum auch? Ich dachte mir bei Konflikten zwar meinen Teil, hielt mich aber ansonsten komplett heraus. Auch wenn es um Geld ging, interessierte es mich nur am Rande. Ich verdiente als Journalistin gut, war auf sein Geld nicht angewiesen.

Übrigens eine typische Herangehensweise vieler Stiefmütter. Im Gegensatz zu dem weitverbreiteten Klischee der sich sofort in alles einmischenden »Zweitfrau« beobachten die meisten Frauen zunächst nur, versuchen eher zu vermitteln als zu spalten.

Natürlich krachte es bei uns auch manchmal hinter den Kulissen. Da konnte es schon mal laut werden, danach lagen Vater und Kind sich wieder in den Armen. So wie es nun einmal bei jungen Erwachsenen und deren Eltern ist. Es wird gestritten, dann wird gelacht. Direkt nachdem Sigi und ich beschlossen hatten zu heiraten, änderte sich das. Das erste Mal, dass wir seine älteste Tochter nach unserer Verlobung sahen, war gleichzeitig das letzte Mal. Bis heute wissen wir nicht, warum sie nach diesem Weihnachtsfest den Kontakt zu uns abgebrochen hat. Vielleicht hat es ihr nicht gepasst, dass mein Mann Fragen zu dem abgesagten Praktikum stellte? Wir waren in die Suche involviert gewesen und dementsprechend erstaunt, als sie den Platz plötzlich absagte. Natürlich hatte sie alles Recht der Welt, ihre eigenen Entscheidungen zu treffen, aber genauso hat ein Vater doch auch das Recht, nachzufragen.

Jetzt kann man natürlich sagen, dass es normal ist, wenn Kinder Krach mit den Eltern haben, und auch normal, wenn es dann für eine gewisse Weile eine Funkstille gibt. Das ist Teil des berühmten Abnabelungsprozesses. Sicherlich waren wir da keine Ausnahme. Aber wie fragil das Thema Familie für eine Stiefmutter ist, fällt bei derartigen Konflikten eben besonders auf. Gibt es Streit zwischen Vater und Tochter, während die Eltern noch zusammenleben, kann die Mutter in der Regel versuchen, zwischen den Streithähnen zu vermitteln. Nur wenige Kinder werden den Kontakt zur Mutter in diesem Fall ebenfalls abbrechen. Als Stiefmutter ist man aber nicht die Mutter, sondern »nur« die Partnerin des Vaters. Somit steht und fällt der Kontakt zu den Kindern über das Verhältnis zum Vater. Außerdem kann es für die Kinder eine schwere Hürde sein, wenn aus der Freundin des Vaters plötzlich die Frau des Vaters wird. Eine Next sagte einmal zu mir: »Willkommen in der ganz normalen Patchwork-Hölle. Als Stiefmutter müssen Sie gar nichts besonders Böses tun, um plötzlich von allen Seiten beschimpft zu werden. Es reicht, wenn Sie den Mann, den Sie lieben, heiraten wollen.«

Ist das tatsächlich so? War unsere geplante Hochzeit der eigentliche Auslöser des Konflikts? Ich weiß es nicht. Woher auch? Ich würde mir wünschen, dass wir eines Tages einmal zusammensitzen und all unsere Vorbehalte und Gefühle offen besprechen können. Ob es dazu jemals kommen wird? Man sollte die Hoffnung jedenfalls nicht aufgeben.

Lisa Wirsing, ehemalige Mitarbeiterin einer großen Anwaltskanzlei in Frankfurt, die über zwanzig Jahre Scheidungs- und Erbfälle bearbeitete und dabei die emotionalen Probleme und Aspekte der Mandanten berücksichtigte, brachte bei unserem Interview noch einen weiteren Punkt ins Spiel: »Ganz profan gesagt, die Kinder müssen das Geld des Vaters nach der Hochzeit mit der zweiten Frau teilen. Spätestens beim Erbe. Und das mögen Kinder oft nicht.« Viele Unterhaltsprozesse oder Erbschaftsstreitigkeiten, bei denen Lisa Wirsing vermittelte, hatten mit der Verknüpfung von Geld und vermeintlich entgangener Liebe zu tun. »Je mehr Geld verdient wird, desto eher dreht sich der Konflikt darum. Leider neigen viele Scheidungsväter dazu, ihren Kindern zu viel zu geben, weil sie damit Zuneigung ausdrücken wollen. Das ist nach meiner Erfahrung ein großer Fehler. Man tut den Kindern keinen Gefallen damit. Die zweiten Frauen sehen das schnell, können es aber nur schwer vermitteln. Ihnen wird dann unterstellt, dem Kind nichts zu gönnen.«

Für meinen Mann und mich waren die Monate nach dem Zerwürfnis eine sehr schwierige Zeit. Er wusste nicht, wie er mit der Ablehnung seiner Tochter umgehen sollte, und war verzweifelt. Parallel kämpfte er darum, nicht auch noch die beiden anderen Kinder zu verlieren. An den Geschwistern ging der Streit ebenfalls nicht spurlos vorbei. Gerade für die jüngere Schwester war es hart. Sie steckte in einem echten Loyalitätskonflikt. Es war eine sehr schlimme Zeit. Rückblickend würde ich sagen, dass wir alle komplett überfordert waren.

Plötzlich entzündeten sich über Nichtigkeiten Streits. Die gab es vorher nicht zwischen meinem Mann und mir. Und auf einmal waren wir genau da, wo viele Patchworker stehen: Auf dem schmalen Grad zwischen Schuldzuweisung, unterschiedlichen Erziehungsvorstellungen und einer großen Verzweiflung über die Unlösbarkeit der Situation.

Lisa Wirsing, die weit über tausend Mandanten in ihren Familienprozessen betreut hat, ist sich sicher: »Das Problem ist immer die Geschichte der ersten Familie, mit vielen Dingen wird in der zweiten Familie anders umgegangen. Dort hat sich ein anderer Stil etabliert, eine andere Art des Umgangs miteinander, neue Rituale. Mit dem Erscheinen der Kinder werden aber jedes Mal die Werte und Umgangsformen der ersten Familie wiederbelebt. Häufig reden die Kinder mit ihrem Vater so, wie die Mutter es früher gemacht hat. Der Vater ist also an diesen Ton gewohnt, er hört ihn meist nicht einmal. Die zweite Frau dagegen nimmt solche Sachen sofort wahr, ärgert sich wahrscheinlich, kann ihrem Mann aber nicht begreiflich machen, was da passiert.«

Viele Stiefmütter kennen dieses Phänomen, leiden auch darunter. Selbst wenn sie die Exfrau niemals kennengelernt haben, können sie sich den Tonfall vorstellen, in dem diese mit dem Mann geredet hat. Wer will den Kindern verdenken, dass sie das übernehmen. Es wurde ihnen ja vorgelebt. So wie der Ton, in dem die Kinder sprechen, nicht von der Stiefmutter geprägt oder beeinflusst wird, ist auch eine Konfliktvermittlung zwischen Kind und Vater schwierig. Vor allem dann, wenn die Stiefmutter noch nicht sehr lang im Leben der Kinder präsent ist.

Parallel zu unseren aufflammenden Beziehungsproblemen

spürte ich plötzlich am eigenen Leib, was es heißt, als böse Stiefmutter abgestempelt zu werden. Freundinnen, allesamt ohne Stiefkinder, waren felsenfest davon überzeugt, die Ursache des Konflikts läge einzig und allein bei Sigi und mir, Kinder seien doch nur Opfer der Umstände. Immer mit dem Nachsatz, Sigi täte ihnen wirklich leid, der hätte sich doch stets so liebevoll um seine Kinder gekümmert. Jetzt sei es an uns, also an mir, die Dinge wieder ins Lot zu bringen. Unterschwellig klang dabei mit, dass ich doch bestimmt irgendetwas Böses getan hätte. Etwas, was ich jetzt verschweigen würde. Von selbst würden Kinder nicht den Kontakt zu ihrem Vater abbrechen.

All das passierte wenige Monate vor unserer geplanten Hochzeit. Ich hörte Sätze wie: »Wenn du seine Kinder nicht von Herzen liebst, ist deine Ehe zum Scheitern verurteilt, noch bevor sie überhaupt geschlossen wird. Das musst du lernen.« Meine Hilflosigkeit in dieser Situation drohte zur Verzweiflung zu werden. Ich lernte die erste Lektion der Stiefmütter: Wer nicht selbst schon einmal in der Situation war, wird die Problematik nicht verstehen. An manchen Tagen war ich kurz davor, die Hochzeit abzusagen und als Stiefmutter auszusteigen.

→ **Tipp für Stiefmütter**

Wenn Ihre Freundin geschieden ist, ein Kind hat und kein Verständnis für Sie aufbringt, fragen Sie sich, ob sie nicht für irgendeine Next auch die (H)Ex ist. Die (H)Ex kann nämlich durchaus eine ganz nette Person sein.

Letzten Endes war ich dankbar, dass wir von Anfang an geplant hatten, im Mai in Las Vegas und nicht in Deutschland zu heiraten. Ohne Kinder und ohne Familie. Es war beruhigend für mich, dass wir diesen Entschluss selbst gefasst hatten und nicht allein vor dem Altar stehen würden, weil die Familie sich hoffnungslos zerstritten hatte.

Natürlich ist die Problematik in jeder Familie anders. Mir ist klar, dass nicht jeder geschiedene Vater seinen Kindern den Höchstsatz zahlt, dass sich nicht wenige Väter vor jeglicher Verantwortung drücken – und dass viele Kinder alles dafür geben würden, ihren Vater häufiger zu sehen, nur hat der leider kein ähnliches Interesse. Aber die Stiefmutter ist daran nicht schuld. Genauso wenig wie es einer Frau gelingen wird, eine glückliche Ehe zu zerstören, kann eine Next es schaffen, eine stabile Vater-Kind-Beziehung zu kappen. Die Probleme stammen höchstwahrscheinlich aus einer Zeit, als die Stiefmutter noch gar nicht im Spiel war.

Meine eigenen Probleme haben sich komplett relativiert, und auch für das Verhalten meines Mannes habe ich viel mehr Verständnis gewonnen, seit ich erkannt habe, dass die Vorstellung, die die Gesellschaft von einer Stiefmutter hat, nicht mit meinem Leben übereinstimmen muss. Es ist schade, dass seine Tochter nicht mehr mit ihm redet. Der Kontaktabbruch hat meinem Mann sehr wehgetan; es ist kein tägliches Thema mehr, jedoch ein Schmerz, der ihm bleibt. Aber es hat uns nicht auseinandergebracht. Wir haben gestritten, wir haben geschwiegen, wir haben offen gesprochen. Und wir haben ein großes Verständnis für die Probleme und die Position des anderen gefunden. Dabei haben mir die anderen zweiten Frauen sogar geholfen. Ich sehe den Konflikt in unserer Patchworkfamilie nicht mehr als mein ureigenes Problem, geschweige denn als meine Verantwortung. Auch wenn die Gesellschaft das eigentlich von mir fordert.

Ich würde mir wünschen, dass alle Stiefmütter irgendwann ohne Vorhaltungen öffentlich über die Probleme in ihrer Patchworkfamilie sprechen können. Ohne dass ihnen Mitschuld, Gier, Hass oder anderes vorgeworfen wird. Noch ist es so, dass sie im öffentlichen Ansehen weit hinter der Mutter stehen. Nachdem ich die Geschichten der zweiten Frauen und ihrer Kämpfe mit der Ex gehört habe, wundert mich das immer mehr.

Kurz nach dem besagten Weihnachtsfest schaltete ich Anzeigen in verschiedenen Tageszeitungen im gesamten Bundesgebiet. »Ich suche Stiefmütter, die offen und ehrlich über Probleme und Nöte reden wollen. Auch für Tipps bin ich dankbar. Ich bin selbst Stiefmutter«. Amelie war die erste Vizemutter, die reagierte. Ich war völlig erstaunt, am Erscheinungstag bereits morgens um sieben eine Mail mit Telefonnummer von ihr zu bekommen. Und noch erstaunter war ich, als ich ihre Geschichte hörte. Was sie mir erzählte, kam mir sehr bekannt vor. Dabei dachte ich bisher, meine Probleme als Stiefmutter seien einzigartig. An jenem Vormittag fiel meine Entscheidung, ein Buch über Stiefmütter zu schreiben.

Die Geschichte von Amelie und Peter:
Es geht immer nur ums Geld

Peter, neunundvierzig, war seit vier Jahren geschieden, als Amelie, siebenundvierzig, und er ein Paar wurden. Seine Exfrau hatte ihn damals für einen Kollegen verlassen und diesen nach der Scheidung auch geheiratet. Schnell wurden Amelie und ihr Sohn aus erster Ehe mit seinen Kindern bekannt gemacht. Sie verstanden sich gut, haben miteinander telefoniert und sich regelmäßig getroffen. Peter zahlte monatlich nach der Düsseldorfer Tabelle, der Leitlinie zur Berechnung des Kindesunterhalts, für seine Tochter und seinen Sohn. Zusätzlich übernimmt er 50 Prozent aller Extrakosten wie Zahnspangen, Brillen oder Klassenfahrten. Eigentlich sollte das nach Absprache erfolgen, die gab es aber nicht. Es wurden ihm nur Briefkuverts mit Rechnungen von den Kindern überbracht.

Peter verdiente gut, ihm persönlich bleibt aber nicht viel übrig, da sehr viel von seinem Gehalt an die Kinder ging, zudem muss der Kredit für das Haus abbezahlt werden, das er mit seiner Ex noch kurz vor der Trennung gebaut hatte. »Eigentlich war dieses Haus, in dem er bis zu unserem Kennenlernen allein wohnte, zu groß für ihn, aber er hat es behalten, um seinen Kindern am Wochenende das gewohnte Umfeld bieten zu können, mit den eigenen Zimmern und dem Garten.«

Natürlich sprach Amelie mit Peter auch über seine gescheiterte erste Ehe, wie wohl alle zweiten Frauen. Sie hörte Geschichten, die sie wirklich schaudern ließen. »Das waren echte Erpressungsspiele, die seine Ex da aufgeführt hat. Klingel überhören und ihn im Regen vor der Tür stehen lassen, Telefon ausstellen, Anrufe verschweigen, am Abendbrottisch darüber sprechen, dass Papa (angeblich) wieder einmal nicht gezahlt hat. Die Ex hat ihn nach der Trennung spüren lassen, dass sie ihm jeden Cent nehmen wollte. Ihr Plan schien gewesen zu sein, ihn ›bluten‹ zu lassen, und es gelang ihr auch ganz gut, dieses Vorhaben umzusetzen. Und das, obwohl sie diejenige war, die für einen anderen Mann aus der Ehe ausgestiegen ist.«

Amelie bekam schnell mit, dass Geld ein ständiges Thema war. Die Ex bestimmte, was für die Kinder angeschafft wurde, der Vater sollte für die Unkosten aufkommen. Egal ob es um eine Zahnspange ging, eine Brille, ein neues Fahrrad oder später ein Moped. Amelie schrieb in ihrer E-Mail an mich: »Ich erinnere mich, dass mein Sohn zeitgleich mit seinem Sohn eine Brille brauchte. Ich kaufte die Brille für meinen Sohn bei einer Optikerkette für 70 Euro inklusive Gläser, für seinen Sohn wurde Peter eine Rechnung über 300 Euro präsentiert. Da hatte die Mutter ein Designer-Modell ausgesucht. Vorher wurde natürlich nicht mit dem Vater darüber geredet.«

Was Amelie nicht verstand, war, dass es mit der Ex keine Kommunikation, sondern nur Forderungen gab und sie Konflikte selbst im Beisein der Kinder austrug. Amelie selbst handhabte das mit dem Vater ihres Sohnes anders. »Wenn mein Sohn etwas benötigt, was vom normalen Unterhalt nicht machbar ist, spreche ich mit meinem Ex. Wir überlegen dann gemeinsam, ob, wie und wann wir die Kosten stemmen können. Bei Peter läuft das anders. Da bestimmt die Ex über sein Geld. Zieht er nicht mit, wird er über die Kinder bestraft. Die dürfen dann plötzlich nicht mehr kommen, sind angeblich krank oder haben keine Lust.« Darum gab Peter den Forderungen der Ex fast immer nach. »Du wirst die Kinder nie mehr sehen, wenn du nicht genau das tust, was ich dir sage«, soll sie ihm nach der Trennung gesagt haben. Der Satz blieb bei Peter haften.

Noch gut kann Amelie sich an ein Treffen entsinnen, das Peter mit seiner Ex arrangiert hatte. Es ging darum, dass die Tochter mit ihrem Studium beginnen wollte. »Ich fuhr ihn zu dem Café, wo sie sich verabredet hatten. Zwei Stunden hatte Peter eingeplant – er war der Ansicht, dann müssten alle Details besprochen sein. Nach fünf Minuten rief er an, ob ich ihn schon abholen könne.« Die Ex hatte das Gespräch abrupt beendet, war aufgestanden und hatte das Café verlassen. Das Gespräch hatte ihr anscheinend nicht gefallen. Peter hatte ihr nämlich zu verstehen gegeben, mit dem achtzehnten Geburtstag und dem Ende der Schulausbildung der Tochter seien beide Elternteile barunterhaltspflichtig.

Kurz zum Begriff »Unterhalt«: Eine Scheidung oder Trennung der Eltern führt auch zu einer Trennung der Unterhaltspflichten. Der Elternteil, bei dem die Kinder wohnen, leistet den sogenannten Betreuungsunterhalt, das heißt, die betreffende Person betreut die Kinder. Den Barunterhalt – das im Voraus zu leistende monatliche Geld für das Kind – muss einzig und allein der andere leisten, unabhängig davon, wie viel die betreuende Person verdient oder besitzt. Die Höhe des Unterhalts richtet sich nach dem Einkommen des Barunterhaltspflichtigen und wird anhand der schon erwähnten Düsseldorfer Tabelle berechnet. Diese Aufteilung gilt bis zum achtzehnten Lebensjahr oder dem Abschluss der Schule. Studieren dann die Kinder außerhalb oder verdienen als Auszubildende noch nicht genügend für den eigenen Unterhalt, müssen beide Eltern zahlen. Was bedeutet: Sie sind gemeinsam barunterhaltspflichtig.

Über diesen gemeinsamen Barunterhalt wollte Peter nun mit seiner Ex sprechen. »Als er das Thema im Café ansprach, ging sie sofort zum Angriff über. Ob er denn etwa ›noch weniger‹ zahlen wolle? Sie hätte nun mal kein Geld, würde unter dem Selbstbehalt verdienen. Die 670 Euro monatlich, die einem Studenten zustehen, seien allein seine Sache.«

Zur Erklärung: Im Unterhaltsrecht wird dem Unterhaltspflichtigen ein Selbstbehalt zugebilligt, um für das eigene Leben ausreichend Geld zur Verfügung zu haben. Ein erwerbstätiger Unterhaltszahler mit Schulkindern bis einundzwanzig Jahren darf seit 2015 im Monat 1 080 Euro (vorher waren es 1 000 Euro) für den Eigenbedarf behalten. Alles, was darüber liegt, kann zur Unterhaltszahlung herangezogen werden.

Peters Ex hatte nach der Hochzeit mit ihrem jetzigen Mann ihren Job gekündigt. »Ihr neuer Mann verdient so viel Geld, dass sie ihr Hobby zum Beruf machte und als Golflehrerin arbeitet. Damit verdient sie nach eigener Aussage maximal 800 Euro im Monat. Natürlich wissen Peter und ich, dass das Quatsch ist, aber was sollen wir machen? Das Haus, in dem sie und ihr neuer Mann leben, und auch das Auto, mit dem sie auf den Golfplatz fährt, sehen nicht nach einem niedrigen Einkommen aus. Und ich weiß von Freunden, dass sie als Golflehrerin gut gebucht wird. Für 80 Euro pro Stunde. Peter bekommt aber nie Einkommensnachweise von ihr.«

Als Vater hat man nur eine Möglichkeit, gegen eine Mutter vorzugehen, die sich ihrer Barunterhaltspflicht verweigert. Peter hätte die Zahlungen an seine achtzehnjährige Tochter einstellen und sich dann von ihr verklagen lassen müssen, damit ein Gericht es übernimmt, die Einkommen beider Elternteile zu prüfen. Einen anderen Weg gibt es bei erwachsenen Kindern nicht. Einen solchen Prozess wollte er seinen Kindern aber nicht zumuten.«

Amelie konnte nicht verstehen, warum sich eine Mutter für ihre Kinder finanziell so wenig zuständig fühlt. Wobei sie nicht behauptete, dass die Ex kein Geld für ihre Kinder ausgegeben hätte. »Aber es ist etwas anderes, ob ich meiner Tochter die superangesagten Hipster-Stiefel kaufe und dafür ein unendlich großes Dankeschön bekomme, oder ob ich monatlich Geld zum Leben überweise. Aber für sie ist klar, dass Peter alles zu zahlen hat, was die Kinder betrifft.« Leider hat sich dieses Verhalten auch auf die Kinder übertragen. »Seine Tochter und sein Sohn kommen ständig mit neuen Forderungen an. Und sie wachen argwöhnisch darüber, dass mein Sohn ja nichts von Peter bezahlt bekommt. Peters Geld ist ihr Geld, so wurden sie erzogen.«

Auf Facebook sieht die Wahrheit manchmal anders aus als in der Wirklichkeit

Bei Pinocchio war es leicht zu sehen, wenn er schwindelte. Seine Nase wurde dann länger und länger. Menschen sind keine Holzpuppen, weder wachsen ihre Nasen, noch schrumpfen ihre Beine. Ob ein Mensch bewusst lügt, Tatsachen schönt oder verheimlicht, oder ob er ehrlich ist, können selbst erprobte Richter nicht leicht erkennen. Die Wahrheit hat oft viele Facetten.

Ulrike hatte ihren Mann nach fast fünfundzwanzig Jahren Ehe und drei Kindern zwischen zwölf und siebzehn Jahren für einen neuen Mann verlassen. Das passiert. Aber anstatt ihr Glück zu genießen, war sie ununterbrochen damit beschäftigt, über ihren Noch-Ehemann und dessen neue Freundin herzuziehen. Harry hätte die Kinder in den zehn Monaten, seitdem sie ihn verlassen hatte, noch nicht einmal besucht. Die würden ihm aber auch nicht nachtrauern, der neue Freund sei eh der beste Papa, den die Kinder haben könnten. Ihn wolle sie sofort nach der Scheidung heiraten, und dann sollten die Kinder möglichst auch den Namen des Freundes annehmen. Der leibliche Vater hätte sowieso nie Interesse an ihnen gehabt, sich nie gekümmert, und jetzt, wo er noch eine neue Freundin hat, würde diese berechnende Hexe ihn sogar daran hindern, den Unterhalt zu zahlen. All das tat Ulrike nicht nur im Freundeskreis kund, sondern ebenso in öffentlichen Foren wie zum Beispiel auf Facebook – und das nicht einmal anonym.

Durch intensives Nachfragen meinerseits stellte sich folgender Sachverhalt heraus: Ulrike war für den anderen Mann mit den Kindern rund 700 Kilometer weit weg gezogen, Harry war in dem ehemals gemeinsamen Haus geblieben, für das er den Kredit weiterhin regelmäßig bediente, da das Haus im Zuge der außergerichtlichen Scheidungsvorvereinbarung auf die Kinder überschrieben und der Abtrag laut dieser Vereinbarung als Unterhalt gewertet wurde. Zusätzlich hatte er aber seit ihrem Auszug pro Kind 100 Euro überwiesen, als Taschengeld und für Extraausgaben.

Er selbst lernte jene neue Frau kennen, kurz bevor er einen schweren Arbeitsunfall erlitt. Er hatte sich mehrere Wirbel angebrochen und konnte seitdem als selbständiger Handwerker weder Geld verdienen noch reisen. Daher war er auch nicht in der Lage, die Kinder zu besuchen oder weiterhin das Taschengeld zu überweisen. Den Hauskredit zahlte er von dem knappen Krankengeld ab, das er erhielt, zum Leben blieb nicht viel übrig. Seine neue Freundin verdiente das Geld, von dem das Paar jetzt lebte.

Da hatten sich Ulrikes Vorwürfe in meinen Augen bereits relativiert, und die neue Frau war vielleicht doch nicht die böse Hexe. Eher hätte sie froh darüber sein können, dass Harry diese Freundin hatte, die sich offensichtlich um ihn kümmerte. Stattdessen war sie dafür als berechnend dargestellt worden. Aber wer gibt sich die Mühe und fragt bei Geschichten dieser Art bis ins Detail nach? Die oftmals »gefärbte« Schilderung durch die Exfrau, in diesem Fall durch Ulrike, kann viel Einfluss auf das Bild haben, was sich die Gesellschaft von der neuen Frau macht. Nachfragen lohnt sich also.

Warum Stiefmütter an der Gesellschaftsfront, also bei ihren Freundinnen, Arbeitskollegen oder Nachbarn verzweifeln, ist Außenstehenden schwer zu vermitteln. Oft stoßen sie auf Unverständnis, weil sie vor wenigen Wochen noch ganz andere Dinge erzählten, womöglich von dieser Familienkonstellation schwärmten, bedingt noch durch die erste Verliebtheit und den Schmetterlingen im Bauch. Natürlich ist dann eine plötzliche Wendung um 180 Grad kaum nachzuvollziehen. Übrigens auch nicht immer für die Stiefmütter selbst. Patchwork-Probleme existieren selten vom ersten Tag an. Normalerweise ist es ein schleichender Prozess, es kann sich aber ebenso von einem Moment auf den anderen eine Dramatik entwickeln. Dieselbe Frau, die letzte Woche noch verliebt und glücklich war, die ihr eigenes Patchwork womöglich in höchsten Tönen anpries und sich für eine prima Stiefmutter hielt, kann plötzlich verzweifelt und hilflos sein. Probleme können hier tatsächlich über Nacht auftreten und alles verändern. Auch bei uns war das so gewesen. Ermahnungen von Freunden wie: »Er liebt seine Kinder nun einmal, das musst du akzeptieren«, halfen nicht weiter, brachten mich eher auf die berühmte Palme. Natürlich liebt mein Mann seine Kinder, es wäre furchtbar, wenn das nicht so wäre. Musste ich deswegen alles gutheißen?

Ich stellte fest, dass ich ein Schmuddelthema auf den Tisch brachte, wenn ich über meine Schwierigkeiten mit den Stiefkindern sprechen wollte. Als hätte ich gefordert, alle arbeitsunwilligen Ausländer aus Deutschland abzuschieben, abgeschaltete Kernkraftwerke wieder in Betrieb zu nehmen oder möglichst viele Wälder abzuholzen. Fast erschien es mir, als wären die Reaktionen in diesen Fällen sogar moderater ausgefallen. Hatte ich denn als Stiefmutter keine Rechte? Hatte ich mir mit meinem Ja zum gebrauchten Mann für alle Zeiten den Büßerkranz aufs Haupt gesetzt, nach dem Motto: »Selbst schuld, du hast es ja so gewollt«? Bald sparte ich bei meinen Freundinnen das Thema aus. Sprachen sie mich darauf an, was selten genug geschah, lächelte ich freundlich und sagte, wir würden nun damit umgehen können. Die Antwort machte sie zufrieden, das hatten sie hören wollen. An der Gesellschaftsfront kapitulieren Stiefmütter am schnellsten, das ging nicht nur mir so. Und es hat einige Zeit gedauert, bis ich den Mut fand, die Dinge so zu artikulieren, wie sie sich mir darstellten. Ohne einen schwarzen Peter zu verteilen, alles auf die eigene Kappe zu nehmen oder den »Weichzeichner« drüberzulegen.

Dass Exfrauen eine manchmal etwas eigene Sicht auf die Dinge haben, ist klar. Aber auch Stiefmütter selbst stellen ihre Situation nicht immer völlig richtig dar. Allerdings wollen sie damit selten manipulieren, eher Konflikte vermeiden. Nie werde ich das Gespräch mit Marlies vergessen, die in einer glücklichen Beziehung mit einem Vater zweier im Ausland arbeitender erwachsener Töchter lebt und die mir während unseres Interviews unermüdlich erklärte, sie könne überhaupt nicht verstehen, wieso Stiefmütter Probleme hätten, sie selbst wäre rundum glücklich. Bis ihr, gleichsam nebenbei, einfiel, dass sie vor fünfzehn Jahren, in ihrer ersten Ehe, ihren damaligen Stiefsohn um ein Haar die Treppe hinuntergestoßen hätte, um ihn loszuwerden. Als junge zweite Frau war sie damals völlig überfordert gewesen mit der Tatsache, dass dieser Sohn ausgerechnet in dem Moment zum Vater ziehen sollte, als sie schwanger war. Vater, Sohn und Exfrau hatten das kurzerhand so besprochen.

Marlies' Meinung wurde nicht gehört. Erst als ich, zugegebenermaßen etwas verblüfft über ihren »Nebensatz«, einhakte und nachfragte, lebte die Erinnerung bei ihr wieder auf – und wir saßen noch bis weit nach Mitternacht zusammen. Sie selbst war fassungslos, dass sie dieses Erlebnis komplett verdrängt hatte. Nicht einmal ihr jetziger Partner wusste davon. Sie hatte damals weder mit ihrem Mann noch mit Freundinnen über ihre Ängste und Schwierigkeiten sprechen können. Sie war nur froh gewesen, dass der Stiefsohn dann doch bei der Mutter blieb. Somit konnte sie weiter, bis zur Scheidung, nach außen ihre vorbildliche Rolle in der perfekten Patchwork-Familie spielen, die ihr Mann und ihre Freunde so gern sehen wollten.

Marlies ist kein Einzelfall. Nicht wegen der Situation auf der Treppe, sondern weil sie geschwiegen hat. Jahrelang. Viele Stiefmütter waren erst dann bereit, ehrlich mit mir über das Thema zu sprechen, nachdem sie meine persönliche Geschichte kannten. Zu oft hatten sie schon Vorhaltungen von Nicht-Stiefmüttern bekommen. Zu oft fühlten sie sich schuldig, weil sie dachten, ihre Probleme müssten zu klären sein und sie wären nur nicht fähig, Lösungen zu finden. Viele beteuerten, genau wie Marlies anfangs, gar keine Schwierigkeiten zu kennen. Der Kampf an der Gesellschaftsfront ist meist ein stiller Krieg.

Frauen reden ohne Hemmungen über ihren Orgasmus, über ihre Menstruation, Schönheitsoperationen und das leidige Gewicht. Aber sie haben Angst, wenn sie als Stiefmutter vor Schwierigkeiten stehen, zuzugeben, dass diese sie wehr- und hilflos oder auch wütend machen. Oder noch schlimmer – wenn sie merken, dass sie seine Kinder nicht lieben. Kaum eine der Frauen, mit denen ich sprach, wagte es, das zuzugeben. Dabei kann freundschaftliche Zuneigung ausreichen, geliebt werden die Kinder (hoffentlich) von ihren Eltern. Und so verstummen viele Frauen, schämen sich wegen ihrer Gefühle, ihrer vermeintlichen Unfähigkeit, und stärken damit das Tabu.

→ **Tipp für Stiefmütter**

Tauschen Sie sich mit Frauen aus, die auch eine Next sind. Das hilft enorm. Kennen Sie in Ihrem Wohnort keine Stiefmütter, machen Sie einen Aushang am Schwarzen Brett im Supermarkt. Auch im Internet gibt es Selbsthilfegruppen. Dort können Sie alles erzählen, alles herauslassen, ohne die Moralkeule fürchten zu müssen. Die anderen Frauen haben die gleichen Probleme, keine wird Sie verurteilen.

Alle Stiefmütter, mit denen ich sprach, meinten, es sei an der Zeit, Licht in ihren dunklen Alltag zu bringen. Vielleicht deshalb, weil sie persönlich nicht den Mut dafür aufbrachten. Ich fühlte mich dabei in die Kleinstadt in Norddeutschland zurückversetzt, in der ich in den neunziger Jahren den Selbstmord eines Mannes recherchiert hatte. Er hatte sich aufgehängt, nachdem seine Tochter in einer Talkshow erzählte, ihr Vater hätte sie als Kind zehn Jahre lang missbraucht. Die ganze Stadt war entsetzt. Nicht etwa über die Schandtat des Vaters, sondern darüber, dass die Tochter die Tat öffentlich gemacht und so den Vater in den Selbstmord »getrieben« hatte. Aus dem Opfer war eine Täterin geworden. »So etwas sollte in der Familie bleiben, das ist doch schon so lange her« – darin waren sich alle einig.

Damals fragte ich mich, wie es sein kann, dass ein Mann mit der Schande seiner Tat offensichtlich gut zu leben vermochte, nicht aber mit der Schande, dass diese an die Öffentlichkeit kam. Und warum die Menschen in seiner Umgebung die öffentliche Anschuldigung grausamer bewerteten als den eigentlichen Missbrauch. Seit damals hat sich viel getan, heute werden derartige Themen komplexer gesehen. Wir wissen, dass viele Opfer erst nach langer Zeit in der Lage sind, sich überhaupt an den Missbrauch zu erinnern, meist dauert es noch viel länger, darüber zu reden. Wir wissen, dass auch der sogenannte nette Nachbar zu solch einer Tat fähig sein kann. Wir wissen heute auch, dass nicht jede Anschuldigung den Tatsachen entspricht. Wir haben gelernt zu differenzieren. Und ich würde mir wünschen, dass wir in einigen Jahren ähnlich differenziert über Stiefmütter denken.

Stiefmütter sind nicht böse. Sie wollen auch den Kindern nichts Böses. Sie wollen einfach nur mit ihrem Mann glücklich sein dürfen. Ohne permanente Einmischung und Bevormundung von außen. Wie massiv die sein kann, ist Außenstehenden meist gar nicht bewusst. Prinzessin Diana sagte in ihrem Interview nach dem Bekanntwerden der Affäre von Prinz Charles und Camilla: »*Well, there were three of us in this marriage, so it was a bit crowded.*« Auf Deutsch etwa: »Wir waren zu dritt in unserer Ehe, das war etwas viel.« Bei der Geliebten oder der bösen Schwiegermutter versteht die Gesellschaft die Problematik – warum nicht auch bei einer übermächtigen ersten Familie? Das wäre immerhin ein Anfang. Und eine Chance. Für Stiefmütter, ihre Ansprüche an sich herunterzuschrauben, sich nicht mehr zu überschätzen und sich von der Vorstellung einer Familie, wie sie gern in der Margarine-Werbung gezeigt wird, zu verabschieden. Für die Kinder die Möglichkeit, den Vater auch mit einer neuen Frau behalten zu können, und für die Exfrauen wäre es die Gelegenheit, ihren Machtanspruch auf die alte Familie, oft begleitet von Rachsucht und Einflussnahme, ziehen zu lassen und ein eigenständiges neues Leben zu beginnen.

→ Tipp für Stiefmütter

Die Beziehung zur ersten Familie ist eine Beziehung über Bande. Wie beim Billard. Der Kontakt entsteht und besteht über die Beziehung zum Vater. Das Gleiche gilt für alle Probleme, sei es mit der Mutter, den Kindern, der Gesellschaft oder mit dem Vater. Nehmen Sie also nichts persönlich, es hat weniger mit Ihnen als Mensch, sondern mehr mit Ihrer Stellung als zweite Frau und Stiefmutter zu tun. Genauso gilt: Egal wie gut Sie sich mit den Kindern verstehen – Sie werden sie wahrscheinlich niemals wiedersehen, sollte Ihre Beziehung zum Vater zerbrechen. Das Stiefkind weiß das von Anfang an, Sie wahrscheinlich nicht. Behalten Sie das immer im Hinterkopf, es schafft mentale Freiheit und relativiert ein zu großes Pflichtgefühl.

3 Die vielen Facetten der Stiefmütterhölle – Frauen unter sich

So hartnäckig wie sich das Bild der bösen Stiefmutter in den Köpfen der Menschen hält, so beständig ist das der Mutter: Sie ist eine Art Heilige. Man kann sich nicht vorstellen, dass eine Mutter ihre Kinder aufhetzt und »zwingt«, Vater und Stiefmutter zu hassen. Das lag lange Zeit auch außerhalb meiner Fantasie, aber durch meine Recherchen änderte sich das. Ich lernte, dass eine Auseinandersetzung an der zweiten Front, also an der mit der Ex, keine Schamgrenzen kennt. Ich begriff: Selbst wenn es die Mutter ist, die ihre Ehe für einen anderen Mann verlässt und somit eine Familie zerstört, wird sie von der Gesellschaft schneller rehabilitiert als ein Vater, der das Gleiche tut. Zur Not hilft sie mit Schauergeschichten nach, die sie über den Exmann erzählt. Wahlweise wird der dann als Alkoholiker, Nichtsnutz, Schläger oder sogar als liebloser Vater (der sowieso keinen Unterhalt zahlt) deklariert, vor dem man die Kinder schützen muss. Der Stiefvater dagegen ist der »Erlöser«, der sie und die Kinder vor dem bösen Vater gerettet hat. Ist eine Patchworkfamilie mit einer Ex gestraft, die ihren Lebensinhalt in Rache und Streit sucht und den Vater nur zum Unterhaltzahlen braucht, wird es für die Next keinen Frieden geben. Schlammschlachten sind die Folge.

Die Geschichte von Kim und Michael: Wer ist denn jetzt die Hex? Ex oder Next?

Kim war Mitte dreißig, als sie Michael, vierzig, traf – kurz nachdem ihn seine Frau hinausgeschmissen und er sich eine neue Wohnung gesucht hatte. Sechs Jahre ist das jetzt her, seit vier Jahren sind die beiden verheiratet. Michael hat zwei Söhne, Kim eine Tochter. Anfangs glaubte Kim noch an ein friedliches Miteinander, zog mit ihm und ihrer Tochter sogar in die Kleinstadt, in der Michael mit seiner Familie gelebt hatte. »Ich ging davon aus, dass seine Exfrau wie eine normale Mutter denkt, irgendwann ihren Hass begräbt und wir eine normale Situation leben können, die für beide Seiten dann auch praktische Aspekte hätte. Dicht nebeneinander zu wohnen bedeutet ja auch, dass man sich gegenseitig bei den Kindern helfen könnte.« Aber für die Ex war es ein einziger Affront, dass Kim überhaupt so ein Ansinnen hatte. Dabei war Kim nicht der Trennungsgrund, die Ex selbst hatte die Ehe beendet. »Wahrscheinlich hatte sie aber darauf spekuliert, dass er auf allen vieren angekrochen kommt und sie anbettelt, ihn zurückzunehmen. Das hat er jedoch nicht gemacht. Dass ihre Taktik nicht funktionierte, kann sie bis heute nicht verwinden.« Das jedenfalls glaubt Kim.

Frauen können sehr einfallsreich sein, wenn sie sich rächen wollen. Die Ex startete im Internet eine Hetzkampagne gegen Kim und Michael. Sie diffamierte die Geschwister und Eltern von Michael. Er musste sogar sein persönliches Eigentum einklagen, Gegenstände, die noch in der ehemals gemeinsamen Wohnung waren. Die Ex gab nichts davon freiwillig heraus. Und als das Gericht dann entschied, dass sie ihm die Sachen zurückgeben müsse, wurde sie kreativ. Michael besaß zum Beispiel viele Puzzles. Sie warf alle Teile zusammen und verteilte sie auf die verschiedenen Schachteln. Aus seinen Büchern riss sie die letzte Seite heraus, auf dem MP3-Spieler löschte sie seine Lieblingssongs – und nur die! Kim erzählt: »Die Ex hat unglaublich viel Energie aufgewandt, um ihn zu ärgern. Das war sehr frustrierend. Viele Leute sind der Ansicht, würde sie arbeiten gehen, hätte sie keine Zeit mehr, sich solche Gemeinheiten auszudenken. Aber sie will auf gar keinen Fall arbeiten. Sie hat zu meinem Mann gesagt, sie sei schließlich Mutter. Das scheint sie durchziehen zu wollen. Sie hat Häuser geerbt, finanziell geht es ihr also nicht schlecht, deutlich besser als uns. Aber sie gönnt uns keinen Cent.«

Anfangs versuchte Kim noch, mit der Ex zu sprechen, das klappte aber nicht. »Sie stellte sich stur. Ich habe E-Mails von ihr erhalten, deren Inhalt würde mir niemand glauben, wenn ich sie nicht schriftlich hätte. Bei der Übergabe der Söhne war sie oft kurz davor, handgreiflich zu werden. Beim letzten Mal hat sie mich mit dem Fahrrad über den Haufen gefahren.«

Der Kontakt zwischen Michael und seinen Söhnen wurde immer schlechter, da die Mutter ihre Söhne mit in ihren privaten Krieg hineinzog. Seit einem Jahr kommen die Söhne nur noch, um sich die Handykarte aufladen zu lassen. Aber auch in der Zeit, als es noch Besuchswochenenden gab, war es für Kim nicht einfach. »Oft habe ich festgestellt, wie schwer die Situation für die Söhne war. Zu Hause wurde ihnen erzählt, sie müssten sich von mir nichts sagen lassen, ich sei eine blöde Kuh, und sie könnten mich beschimpfen und beleidigen, wenn sie wollten. Wenn sie dann bei uns waren und wir haben zusammen gelacht, blieb ihnen manchmal das Lachen plötzlich im Hals stecken. Die beiden Jungs hatten Angst, ihre Mutter könnte erfahren, dass sie mit mir Spaß hatten. Dann wären sie ja Verräter gewesen. Sie haben sich schließlich völlig zurückgezogen.«

Was für eine schreckliche Situation: Kinder, die sich nicht trauen, beim Vater und der Next zu lachen, weil sie dann die Mutter verraten würden. Aber Kim hatte noch mehr Furchtbares erlebt: »Die Ex gibt ihren Söhnen zu verstehen, dass ihr Vater meinetwegen die Mama und die Kinder verlassen und dass er außerdem mit mir eine neue Familie hätte und meine Tochter für ihn wichtiger sei als seine beiden Söhne. Deswegen würde er die alten Kinder nicht mehr brauchen. Das stimmt natürlich hinten und vorne nicht, aber die Jungen werden auf diese Art und Weise aufgehetzt.«

Für Kims Mann ist das kaum auszuhalten. Er erklärt seinen Söhnen immer wieder, dass er sie sehr lieb hat und sie sehr wichtig für ihn sind. Er sagt ihnen, dass sie jederzeit willkommen sind. Sie haben im Haus auch eigene Zimmer, die allerdings nicht von ihnen genutzt werden. Die Situation hat sich so zugespitzt, dass beide Jungs seit über einem Jahr nicht mehr dort übernachtet haben. Kims größter Konflikt ist der Hass der Exfrau. »Es ist die Lebensaufgabe dieser Person, ihrem Exmann und seiner Familie das Leben so schwer wie möglich zu machen. Sie weiß, dass sie ihn mit den Söhnen treffen kann, und sie hat es durch ihre Hetzerei tatsächlich geschafft, dass seine Kinder den Umgang nicht mehr wollen.«

Und der Ärger hört nicht auf: »Michael hatte wieder einmal einen Gerichtstermin wegen der Ex. Innerhalb seiner Firma hat er den Job gewechselt und verdient nicht mehr so viel wie früher. Dementsprechend wollte er den Unterhalt etwas kürzen.

Das hatte er ihr auch angekündigt. Für sie ist es eine Dreistigkeit, dass er weniger zahlen will, nur weil er weniger verdient. Sie sagt, ich solle dann doch Vollzeit arbeiten. Auf die Idee, selbst arbeiten zu gehen, kommt sie allerdings immer noch nicht. Dabei sind seine Söhne jetzt schon zehn und elf Jahre alt.«

Kim ist selbst eine Ex. Mit ihrem ersten Mann gibt es aber weniger Probleme, die beiden regeln alles fair miteinander. »Das würde die Ex von meinem Mann nie machen«, sagt Kim. »Die gönnt ihm nicht einen Cent. Ihr reicht auch nicht der normale Unterhalt, sie will zusätzlich das Zeltlager finanziert haben, die Landschulheimaufenthalte und andere Extras. Als die Söhne Konfirmation hatten, verlangte sie von Michael, dass er die Feier finanziert. Allerdings durften wir und seine Familie, also seine Eltern und Geschwister, nicht an der Feier teilnehmen.«

Die Beziehung von Kim und Michael, das ist nicht weiter verwunderlich, leidet immer wieder unter der Situation. »Wenn es Konflikte gibt, dann wegen der Kinder. Zum einen sind da die vielen Zusatzausgaben, die mir bitter aufstoßen. Aber ebenso erziehungstechnische Dinge. Doch die Auseinandersetzungen sind weniger geworden, seitdem die Ex die Söhne gegen deren Vater aufhetzte und sie nicht mehr zu uns kommen. Unser Leben ist dadurch sehr viel entspannter geworden. Natürlich fühle ich mich schlecht dabei, und ich schäme mich auch, wenn ich so etwas sage, aber es ist die Realität. Wir haben wesentlich weniger Stress, seitdem die Söhne fernbleiben.«

Und da taucht sie wieder auf, die Scham der Stiefmütter. Seltsam, die Exfrauen scheinen sich wesentlich seltener für ihr Verhalten zu schämen. Sie fühlen sich von der Gesellschaft legitimiert. »Das steht mir doch zu« – dieser Satz ist von Exfrauen häufig zu hören. Sie führen auch gern das Argument an, sie hätten ihrem einstigen Mann und Kindsvater während der Ehe schließlich den Rücken freigehalten und seine Hemden gebügelt. Ganz ketzerisch gefragt: Was würde ein Unterhalt zahlender Mann erleben, würde er von seiner Ex verlangen, dass sie gefälligst weiterhin die Hemden zu bügeln habe?

Kim hat mittlerweile nur noch einen einzigen Wunsch: Frieden. Und dass alle miteinander auskommen. »Ich hätte gern so ein gutes Verhältnis zu meinen Stiefsöhnen, wie es die Frau meines Exmannes zu meiner Tochter hat. Nie habe ich ein böses Wort über die jetzige Frau meines Exmannes verloren, auch wenn sie damals der Trennungsgrund war. Somit habe ich meiner Tochter ermöglicht, ein entspanntes Verhältnis zu ihr zu haben. Es ist wirklich schade, dass die Exfrau meines Mannes das verhindert.«

Auf ein gemeinsames Kind mit Michael hat Kim verzichtet, finanziell wäre das nicht zu verkraften. Ohne Kims Gehalt würden sie nicht über die Runden kommen.

→ **Tipp für Väter und Stiefmütter**

Fordert eine Ex immer wieder Geld oder Geschenke für die Kinder ein, ist aber ihrerseits nicht bereit, ins eigene Portemonnaie zu greifen, hilft manchmal der Trick, dem Kind etwas heiß Begehrtes zu versprechen. Möglichst so, dass die Mutter davon Wind bekommt. Das kann dazu führen, dass die Ex dem Kind das Geschenk selbst macht, weil sie es nicht erträgt, dass das Kind sich so auf die Belohnung des Vaters freut. Mir erzählte einmal eine Stiefmutter, dass ihr Stiefsohn sich ein neues iPhone gewünscht habe. Der Vater versprach ihm ein solches per WhatsApp, als Belohnung für ein gutes Zeugnis. Vor jeder Klassenarbeit wies er den Jungen noch einmal auf die Belohnung hin, wohl wissend, dass die Mutter alle Nachrichten kontrollierte. Das iPhone bekam er dann von seiner Mutter. Vor der Zeugnisvergabe.

Über Kims Geschichte sprach ich mit Katharina Grünewald, einer auf Patchwork-Probleme spezialisierten Kölner Psychologin. Sie hält Vorträge und leitet Gruppentherapien für Stiefmütter, in denen sich Frauen austauschen können, ohne von Nicht-Stiefmüttern verurteilt zu werden. Nur zu gut kennt Katharina Grünewald den Loyalitätskonflikt, in dem sich viele Kinder befinden: »Die Kinder meinen, sie dürften keinen Spaß haben. Es darf ihnen beim Vater nicht gut gehen, weil sie sonst das Gefühl haben, ihre Mutter zu verraten. Das passiert natürlich unbewusst. Oft entwickeln Kinder dann eine ganz eigene Strategie, wie sie das Wochenende beim Vater dennoch genießen können: Sie fahren mit Leidensbittermienen weg, damit die Mama sieht, wie schrecklich es für sie ist, beim Vater zu sein. Damit machen sie die Verbundenheit zur Mutter deutlich. Samstags ist eigentlich alles gut, und am Sonntag, kurz bevor die Kinder zurück zur Mutter müssen, brechen sie einen Streit mit dem Vater oder der Stiefmutter vom Zaun, sodass sie schreiend fortgehen und sich bei der Mutter beschweren können. Der Streit hat die Funktion, etwas Negatives bei der Mutter erzählen zu können. Für die Kinder ist es eine kurzfristige Lösung. Aus dem eigentlichen Loyalitätskonflikt kommen sie jedoch durch diese Strategie nicht heraus.«

Die Psychologin redete über den Loyalitätskonflikt, als wäre er das Normalste auf der Welt. Durch ihn werden kleine Kinder dazu getrieben, ihrer Mutter vorzuspielen, dass es beim Vater ganz schrecklich sei. Offensichtlich ist das Alltag im Patchwork-Business. Vermittelt die Mutter den Kindern, der Vater hätte sie nicht mehr lieb, er hätte jetzt eine neue Familie, können Stiefmutter und Vater den Kindern helfen, indem sie Partei für die Ex ergreifen. Natürlich ist mir klar, wie schwierig das ist, meist besteht ja eine große Wut auf die Ex, aber damit würde man den Kindern eine Last abnehmen, und die dürften dann entspannt bei ihrem Vater sein.

Dazu kann man zum Beispiel regelmäßig am Besuchsfreitag eine Art Familienkonferenz machen, bei der man das Wochenende bespricht und einen zusätzlichen Stuhl aufstellt, den Stuhl für die Exfrau, den Mama-Stuhl. So kann man bei gewissen Angelegenheiten einfach fragen, was die Mutter wohl zu einem bestimmten Thema sagen würde. Anfangs sollte sich dazu einer der Erwachsenen auf den Stuhl setzen und aus der Perspektive der Mutter sprechen. Danach sollte die Person aber wieder aufstehen und sich auf den eigenen Stuhl setzen.

Ein Beispiel: Es wird ein Ausflug in die Berge geplant, bisher hat die Mutter aber immer etwas gegen solche Ausflüge gehabt. Nun platziert sich der Vater auf den Stuhl der Exfrau und sagt in seiner Rolle als Mutter: »Ich habe Angst, dass die Kinder noch zu klein sind für diesen Ausflug.« Anschließend lässt er sich wieder auf seinen eigenen Stuhl nieder und erklärt: »Ich denke, meine Jungs sind groß genug. Die schaffen solch einen Ausflug locker.« Später setzen sich die Kinder oft von selbst auf den Stuhl der Mutter und verkünden, was Mama nicht möchte. Die Kommentare der Kinder sollte man unkommentiert stehen lassen. Sie dienen den Erwachsenen dazu, zu erkennen, was wirklich von den Kindern kommt und was von der Mutter.

Und den Kindern wird so ermöglicht, ihre Loyalitätskonflikte abzubauen.

Wurden die Ängste oder Vorbehalte der Mutter klar vorgetragen, können die Erwachsenen nun fragen, was man mit ihnen tun kann. Von den Kindern kommt dann vielleicht der Vorschlag, Mama alle fünf Minuten anzurufen. Dann kann man sich auf einen Anruf am Tag einigen. Die Familienkonferenz könnte das beschließen, womit die Kinder aus der Verantwortung entlassen wären, für ihre Mutter zu sorgen. Und die Erwachsenen könnten hinterher intern beraten, wie sie mit den geschilderten Problemen umgehen. Es ist aber nicht Voraussetzung, dass die Mutter mitzieht und zum Beispiel auf die Anrufe eingeht. Wenn sie weiterhin darauf besteht, dass die Kinder derartige Touren nicht mitmachen sollten, ist das so hinzunehmen, man muss sich jedoch nicht daran halten. Aber der Vater hat unabhängig davon eine Regelung für die Kinder gefunden und sie dadurch entlastet. Es geht allein darum, den Kindern die Verantwortung für die Mutter abzunehmen. Wenn der Vater und die Stiefmutter das nämlich nicht tun, übernehmen es die Kinder. Und dann kommt es zu den schrecklichen Ankunfts- und Abschiedsszenen.

Dieser Trick funktioniert, er ist vielfach erprobt. Aber ich frage mich, warum man überhaupt solche Tricks benötigt. Ich stelle mir gerade eine Stiefmutter vor, die aus lauter Verzweiflung tatsächlich jeden zweiten Freitag einen solchen Stuhl an den Tisch stellt, um die Stiefkinder zu entlasten, während die eigene Mutter die Kinder in den Konflikt treibt. Ist diese Stiefmutter böse?

→ **Tipp für Stiefmütter**

Lächeln Sie, bleiben Sie freundlich und legen Sie sich ein Pokerface zu! Auch wenn Sie zur Mörderin werden könnten – gönnen Sie der (H)Ex keinen Ausraster, sonst weiß sie, wo Ihr wunder Punkt liegt.

Besonderen Schwierigkeiten sind Stiefmütter ausgesetzt, die der Trennungsgrund waren. Man muss sich nur eine Party vorstellen, auf die der Mann zum ersten Mal diese neue Frau, den Trennungsgrund, mitbringt. Hui, da ist aber Stimmung, sage ich Ihnen. Überlegen Sie einmal, wie es bei Ihnen im direkten Umfeld war. Aus welchem Blickwinkel hat man die Neue betrachtet? Wie haben Sie sich verhalten?

Meist läuft es so ab: Die Männer tun so, als ob nichts sei, die Frauen betrachten die Next heimlich von allen Seiten und tuscheln. »Was ist das denn? Ich hab gedacht, da kommt jetzt eine Art Monroe, die ist aber nur ein kleines graues Mäuschen. Und für die hat er seine Frau sausen lassen?« Oder: »Alles klar. Die betet ihn ja geradezu an. Darauf ist er reingefallen. Was für ein Trottel.« Oder: »Na, da hat er sich ja eine gesucht, die hat Haare auf den Zähnen, die wird ihn ausnehmen und dann sitzen lassen.« Oder: »Die sieht ja aus wie seine Frau in Jung, was hat er sich denn dabei nur gedacht? Die dreht ihm bestimmt bald ein Kind an.«

Ganz gleich, wie diese Frau aussieht, wie sie sich benimmt oder wie sie als Person ist: Sie ist die Dumme, die Schlampe. Geradezu automatisch bekommt sie den bösen Part zugewiesen. Dabei ist eigentlich allen klar, dass beide sich nie verliebt hätten, wäre die Ehe des Mannes glücklich gewesen. Aber das wird in diesem Moment ausgeblendet, ebenso, dass aller Wahrscheinlichkeit nach auch die Ex ihren Anteil an der Trennung hatte. Wir schieben gern alle Schuld auf die Next, und wir erwarten von unseren Freundinnen die gleiche Solidarität, sollten wir einmal verlassen werden.

Mit etlichen Stiefmüttern habe ich mich unterhalten, die der Trennungsgrund waren. Die meisten sprachen schon im ersten Satz davon, dass es moralisch verwerflich sei, was sie getan hätten. Fast alle erzählten aber auch, dass ihr neuer Partner schon lange unglücklich in seiner Ehe gewesen sei und oft über eine Trennung nachgedacht hätte.

Die Geschichte von Merle und Rudi: Die Stiefmutter als Ehebrecherin

Merle, zweiundvierzig, ist Architektin, geschieden, Mutter von zwei Jungen, Stiefmutter von zwei Mädchen. Seit fast sechs Jahren ist sie mit Rudi, dreiundvierzig, zusammen, seit über drei Jahren mit ihm verheiratet. Sie empfindet ihre Situation als extrem belastend. Ihr ist klar, dass sie, wie sie selbst sagt, »ihre Hände natürlich besser von einem verheirateten Mann hätte lassen sollen«. Aber Rudi sei nun einmal »ihre große Liebe«.

Eigentlich kam sie mir gar nicht wie eine eiskalte Hexe vor. Obwohl Rudi und Merle das Schlimmste gemacht haben, was ein Paar nur machen kann. Den Boris-Becker-Flop. Sie haben sich kennengelernt, als Rita, seine Exfrau, ein Kind bekam. Rudis und Ritas Ehe stand damals auf dem Prüfstand, Rudi war bereits ausgezogen, als Rita dann schwanger wurde. Trennung auf Probe nannten sie es, aber zwischendurch gab es Versöhnungssex. Als Rita von ihrer Schwangerschaft erfuhr, wollten sie es noch einmal miteinander versuchen. Für das ungeborene Kind und für die dreijährige Tochter. Auch wenn Rudi kein gutes Gefühl hatte. Dann lernte er Merle auf einem Seminar kennen, und es funkte sofort. Ihm wurde klar, dass er nicht mehr in der Lage sein würde, seine Ehe zu retten. Bis heute plagt ihn ein schlechtes Gewissen, weil er seine Frau während der Schwangerschaft verlassen hat.

Ein Drama mit eindeutiger Rollenverteilung: Rudi und Merle waren fortan Teufel und Hexe, Rita das bemitleidenswerte Opfer. Natürlich hasste Rita die Konkurrentin bis aufs Blut. In ihren Augen war Merle die Einzige, die die Schuld am Zerbrechen ihrer Ehe traf. Sie nahm sogar Rudi aus der Haftung. Der wurde von der Hexe nur verführt. Nach der Devise: »Natürlich hatten wir unsere Probleme, aber ohne Merle hätten wir das in den Griff bekommen und wären heute noch verheiratet.«

Diese Einstellung zog weite Kreise. Rudi besaß eine große Verwandtschaft, mit der er sein Leben lang sehr innig verbunden war. Sein Leben war auf diese Familie ausgerichtet. Aber alle stellten sich auf die Seite der verlassenen Ehefrau. Rita wurde wie ein Familienmitglied integriert und Rudi dafür verstoßen. Das geschah auch deshalb, weil Rita darauf bestanden hatte, weiterhin Bestandteil von Rudis Familie zu bleiben. Es hieß auch, dass man ihr schließlich nicht zumuten könne, der neuen Frau zu begegnen. Rita durfte dadurch jedem Familienfest beiwohnen, Rudi nur, wenn er allein käme. Das wiederum wollte Rudi nicht.

Die Ächtung nahm in diesem Fall fast biblische Ausmaße an. Doch worum ging es eigentlich? Um Strafe? Reue? Umkehr? Merle und Rudi sind seit über drei Jahren verheiratet, fast sechs

Jahre zusammen. Länger übrigens, als er mit seiner Exfrau verheiratet war. Was will seine Familie? Soll er Merle und ihre Kinder verlassen und wieder zu Rita zurückgehen? Die fand aber zwei Jahre später selbst einen neuen Freund, der übrigens zu allen Familienfeiern mit eingeladen wurde. Für Hausfriedensbruch oder Einbruch bekommt man ein bis drei Jahre Gefängnis, bei Reue und Ersttätern wird es vielleicht sogar auf Bewährung hinauslaufen. Warum wird Rudi und Merle keine solche Chance gegeben?

Ein einziges Mal waren Merle und Rudi in dieser Zeit bei seinen Eltern eingeladen. Zu einem runden Geburtstag seines Vaters, zum Frühstück. Es war ein mehr oder weniger heimliches Treffen, weil Rudis Mutter letztlich doch unter der Situation litt. Aber gesprochen wurde bei der Begegnung nur über die Ehe von Rudi und Rita und wie schade es doch sei, dass alles so geendet hätte. Merle saß mehr oder weniger still daneben und wusste nicht, wie sie mit all dem umgehen sollte. Nach anderthalb Stunden wurde dann gesagt, sie müssten jetzt gehen, der Mittagsbesuch würde bald eintreffen. Mit dem »Mittagsbesuch« waren die anderen Familienmitglieder gemeint, einschließlich Rita und die Kinder. Rudis ältester Bruder redete gar nicht mehr mit ihm, ging aber regelmäßig zu Rita, um ihr den Garten zu machen, ein »Freundschaftsdienst«.

Ich vermute einmal, Rita freut sich über die Situation. Kurz nach der Trennung hatte sie Rudi zu verstehen gegeben: »Glaub ja nicht, dass man mich aus dieser Familie rauskicken kann. Die gehört mir.« Für Rita ist sie sicherlich eine Art Prestige, eine Bestätigung. In der ganzen Nachbarschaft erzählt sie von ihr, auch von den Einladungen zu den Familienfeiern. Sie dürfte dort als einzige »von Rudis Frauen« erscheinen. Eine Konfrontation mit der anderen würden sie und ihre Kinder auch nicht überstehen. Anfangs machte Rudis Familie wohl nur zu bereitwillig bei diesem Spiel mit, heute müssten sie sich Fehler eingestehen, wollten sie etwas ändern. Das aber können sie nicht, obwohl Rudi der Sohn, der Bruder, der Neffe ist.

Und jetzt wird es interessant, wir verlassen nämlich das schwarz-weiße Denkmuster, in dem es heißt, Rudi + Merle = Täter und böse und Rita = Opfer und gut, und gelangen in Grauzonen. Rita genießt es heute immer noch, Merle auszuschließen. Sie rächt sich weiterhin aktiv. Das Fegefeuer, das Rita nun seit fast sechs Jahren schürt, kommt den Kindern kaum zugute. Jedes zweite Wochenende holt Rudi die Kinder zu sich, wobei diese Merle ablehnen. Kein Wunder: Vor jedem Besuch wird ihnen erzählt, dass sie sich von der nichts sagen lassen müssen. Auf den Familienfesten sehen sie, dass immer nur die Mama dabei ist, nie der Vater. Die ganze Familie zeigt Merle ihre Ablehnung.

Wie sollen die Kinder unter diesen Vorzeichen zu ihrer Stiefmutter einen Kontakt aufbauen? Merle selbst schildert die Kinder als höflich. Sie setzen ein Lächeln auf und zeigen ihre wahren Gefühle nur, wenn sie sich unbeobachtet glauben. Dann ist oft Verzweiflung in ihren Augen zu erkennen. Begegnet Merle den Kindern und Rita zufällig in der Stadt, grüßen sie nicht einmal. Zu groß ist die Angst vor dem Verrat an der Mutter. Merle und Rudi stehen heute an einem Punkt, den viele Next kennen. Auch die, die nicht der Trennungsgrund waren. Rudi zahlt Unterhalt für Rita und die Kinder. Merle erhält von ihrem Ex keinen Unterhalt, er bezieht Hartz IV. Sie arbeitet trotz ihrer beiden eigenen Kinder, acht und neun, Vollzeit, einschließlich vieler Überstunden. Ein gemeinsames Kind könnten sie sich finanziell nicht leisten, schon jetzt ist alles sehr knapp. Jedes zweite Wochenende sitzen Rudis Kinder mit am Tisch, denen zuvor die Mutter sagte, sie »müssten« zum Papa und dessen neuer Frau. Als ob es eine Strafe für die Kinder wäre, gegen die die Mama leider nichts machen könne.

Rudi hat viele Lösungsmöglichkeiten angeboten, ist damit jedoch auf wenig Interesse gestoßen. Rita legt fest, wann die Kinder beim Vater aufkreuzen, wann sie gehen müssen, wann sie in den Urlaub fährt – einfach alles. Absprachen sind nicht existent. Merle hat auch schon versucht, selbst Verbindung zu Rita aufzunehmen. Aber Rita fand das einfach nur anmaßend. Nachdem Rudi sie einmal bat, die Töchter nicht immer mit dreckigen Kleidern, ungewaschen und mit fettigen Haaren zu ihm zu schicken, drohte sie mit Kontaktentzug. Seitdem ziehen Rudi und Merle den Mädchen die Sachen gleich aus und stecken die Mädchen in die Badewanne und die schmutzige Kleidung in die Waschmaschine. Trotz der knappen finanziellen Lage haben die Mädchen bei Rudi und Merle mehrere komplette Wäschesätze für jedes Wetter.

Jetzt könnte man natürlich sagen, es sei nicht Merles Problem, sondern Rudis, schließlich sind es seine Kinder. Aber sich emotional aus dieser Situation komplett herauszunehmen, ist für jede Next schwierig, und zwar nicht nur dann, wenn sie der Trennungsgrund ist.

→ **Tipp einer Stiefmutter**

Es scheint ein weit verbreitetes Phänomen zu sein, dass Kinder unsauber oder im Winter sogar ohne Schal und Handschuhe beim Vater abgeliefert werden. So hörte ich von einer Stiefmutter: »Die Kinder tauchten immer mit schmutzigen und zu kleinen Sachen bei uns auf. Einen Koffer mit Wechselklamotten hatte die Ex nie mitgegeben. Wir haben also jedes Mal neue Sachen gekauft. Die Kinder nahmen diese mit, doch beim nächsten Besuchswochenende steckten sie wieder in zu kleinen Größen. Die Mutter weigerte sich partout, etwas zum Wechseln mitzugeben. Ich arbeite in einer Anwaltskanzlei, und mein Chef gab mir den Rat, die Belege für die Kindersachen aufzuheben und die Summe vom Unterhalt abzuziehen. Das kann in bestimmten Fällen erlaubt sein, da die Mutter verpflichtet ist, alles fürs Wochenende mitzugeben. Sie zog vor Gericht, aber wir bekamen Recht.«

Ich fasse einmal zusammen: Merle und Rudi haben vor sechs Jahren Ehebruch begangen, und Rita war zu der Zeit auch noch schwanger. Das ist nicht schön. Ganz sicher nicht. Aber das Leben ist so. Und wir alle müssen mit Situationen umgehen, die uns nicht gefallen. Manchmal sind wir später sogar dankbar für tragische Entwicklungen, weil sie uns die Chance auf einen Neuanfang gegeben haben.

Aber die Frage ist, wie lange eine Frau auf ihrem Status als »betrogene schwangere Ehefrau« beharren darf. Hat sie damit einen Joker für alle zukünftigen Situationen im Ärmel? Eine Art Freifahrtschein? Ist Rudi dadurch immer der Böse und Rita die Gute? Oder hat sich hier die Ex zur Hex entwickelt? Sollte sie nicht wieder eine Eigenverantwortung für sich, ihr Leben und ihre Kinder übernehmen? Rita hat einen neuen Freund, sie bekommt Unterhalt für sich und ihre Kinder. Sie findet Zuspruch bei seiner und ihrer eigenen Familie. Warum nimmt sie ihren Kindern die Chance, eine gute Beziehung zum Vater aufzubauen? Der hat sich damals von seiner Frau getrennt, nicht von seinen Kindern. Aber wenn die Mutter beides auf eine gleiche Ebene setzten möchte, hat der Vater kaum eine Möglichkeit, den Kindern das zu vermitteln.

Psychologen erklären ein derartiges Verhalten, wie es Rita an den Tag legt, folgendermaßen: Die neue Partnerin des Vaters wird von der Mutter nicht als Bezugsperson des Kindes wahrgenommen und akzeptiert. Nicht selten soll das Entstehen einer Beziehung sogar verboten werden. Im Umfeld der Mutter gibt es dafür kaum Kritik, meist findet man das sogar in Ordnung. »Wozu soll das Kind einen Kontakt mit der Stiefmutter aufbauen, es hat doch eine Mutter?« Durch die Ablehnung der Stiefmutter entsteht aber zunehmend eine Ablehnung des Kindes, überhaupt beim Vater zu sein. Damit droht eine Eltern-Kind-Entfremdung, auch PAS genannt. Darauf werde ich später noch eingehen (siehe Seiten 115, 192 ff.).

Die Geschichte von Iris und Edgar: »Patchwork hat mich ausgebrannt«

»Mein Leben war komplett fremdbestimmt.« Mit dieser Aussage begann unser Gespräch. Und gleich danach sagte Iris: »Finger weg, kein Mann mehr mit Kindern und Ex, wenn es an emotionaler Intelligenz mangelt.« Iris ist in Therapie, seit zwei Jahren wegen eines Burn-outs frühverrentet und fühlt sich völlig ausgebrannt. Dabei ist sie erst fünfundvierzig. Ihr Problem: Sie hatte nicht nur ihren Mann geheiratet, sondern Inge, seine Exfrau, gleich mit dazu.

Der achtundvierzigjährige Edgar fand erst dann den Mut, seine Frau zu verlassen, als er Iris kennenlernte. Auch wenn Inge und er seit vielen Jahren getrennte Schlafzimmer hatten, getrennte Urlaube machten, getrennte Freundeskreise pflegten und nur noch der Kinder wegen zusammenlebten. Iris wollte anfangs gar keine Beziehung zu Edgar eingehen, denn sie wollte keine Ehebrecherin sein. Aber Inge redete ihr gut zu, die Scheidung sei nur eine Formsache. Iris dachte daraufhin, sie hätte mit dieser freundschaftlichen Ex das große Los gezogen.

Edgar zog mit Iris in die Nachbarstraße, nur wenige Gehminuten von seiner alten Wohnung entfernt, in der Inge weiterhin lebte. Nach der Scheidung heirateten sie. Edgar verdiente viel Geld, und Inge konnte dadurch bestens versorgt werden. Seine beiden Töchter, fünfzehn und neunzehn Jahre alt, gingen bei ihrem Vater ein und aus. Immer unangemeldet, so wie es ihnen in den Kopf kam. Iris tappte in die klassische »Alles für das Kind«-Falle. Saß sie mit Edgar und ihren eigenen Söhnen, dreizehn und fünfzehn, beim Abendessen und seine Kinder tauchten plötzlich auf, erhob sie sich vom Esstisch, ging in die Küche und kochte zusätzlich etwas für die Mädchen. Derweil sprach Edgar mit »seinen Prinzessinnen« über den Tag bei der Mutter. Oft genug wurde Inge dann vom Abendbrottisch aus angerufen oder gleich mit zum Essen eingeladen. Iris kochte ja. Alles unter dem Deckmäntelchen der wunderbar freundschaftlichen Patchwork-Idylle. Iris schluckte, aber die anderen taten so, als sei das völlig normal, und da wollte sie ja nicht zickig wirken.

Einige Jahre machte Iris das mit und verlor dabei schleichend die Kontrolle über ihr Leben. Inge unternahm viele lange Reisen, wie gesagt, Edgar war großzügig. In dieser Zeit waren seine Kinder ganz bei ihr. Inge gab genaue Anweisungen, was, wann gekocht, geplant und erledigt werden müsste, und Edgar und seine Töchter bestanden darauf, dass alles nach Inges Plan lief. Inge entschied auch, wer zu den Familienfeiern gehen durfte. Manchmal fand sie es passender, wenn sie und Edgar allein mit den Töchtern irgendwo hingingen. Iris blieb dann mit ihren Söhnen zu Hause und machte gute Miene zum bösen Spiel. Hieß es doch: »Wir verstehen uns alle so gut, wir sind alle zusammen eine Familie.« Außerdem wolle Inge nur helfen, da bei Iris mittlerweile eine Depression diagnostiziert worden war.

Iris fragt sich heute: »Wie konnte ich nur so blind sein? Und wieso habe ich das nur mitgemacht?« Sie nennt sich selbst mittlerweile einen »Hornochsen«. Aber es hat lange gedauert, bis sie erkannte, dass ihre Depression nicht der Grund war, warum alles über sie hinweg organisiert wurde, sondern die Folge davon. Ihr schwerer Burn-out vor zwei Jahren, der zur Berufsunfähigkeit führte, ihr Tinnitus, ihre psychische Erkrankung – all das war Ausdruck einer Bedeutungslosigkeit, die Iris in dieser Dreieckskonstellation fühlte. Erst als sie mit ihrem Burn-out monatelang in einer psychiatrischen Abteilung in Behandlung war, verstand sie, dass die Umstände, in denen sie lebte, Auslöser für ihre Depression waren.

Iris hatte studiert, war bis zu ihrer Frühverrentung selbstständig, hatte viel über Patchwork gelesen, über die Nöte der Scheidungskinder. Sie wollte die beste Stiefmutter aller Zeiten sein und die kooperativste Next noch dazu. Und da alles scheinbar so freundschaftlich ablief, merkte sie überhaupt nicht, wie ihr Leben immer mehr von den anderen in die Hände genommen wurde. Heute zählt Iris auf Anraten ihres Therapeuten die Stunden: Edgar bekommt genau ein Drittel ihrer Zeit, ein weiteres Drittel geht an ihre Söhne und das letzte Drittel beansprucht sie für sich selbst. Edgars Exfrau und seine Kinder schließt sie derzeit aus ihrem Leben völlig aus. Iris hat diese beiden Fronten aus ihrem Leben gestrichen. Sie spricht nicht einmal mehr darüber. Sie weiß, dass das nicht optimal ist, aber sie hat momentan keine bessere Lösung.

Für Edgar war das ein Schock, aber ihr geht es seitdem besser, und er kann tun und lassen was er will – mit Ex oder ohne. Auch mit seinen Kindern. Der Abstand, den sie jetzt hat, hilft Iris, ihre Wunden zu heilen. »Ich bin erstaunt, wie einfach alles ist, seitdem ich mich aus den Fronten heraushalte. Meine Kinder sind davon nicht betroffen, weil sie nie einen Draht zu meinem Mann hatten. Die sind sich völlig fremd. Sein schlechtes Gewissen gegenüber seinen eigenen Kindern war so groß, dass er sich nicht erlaubt hat, Kontakt zu meinen Söhnen aufzunehmen. Und ich habe alles akzeptiert. Ich habe, wie wohl auch viele andere zweite Frauen, versucht, alles gutzumachen, im Glauben, irgendwann eine entspannte Situation zu haben. Ich wollte nicht herumzicken, nicht die Böse sein, aber das ist vollkommen in die Hose gegangen. Immer habe ich meine eigenen Gefühle unterdrückt, immer habe ich gedacht, ich müsste erst einmal auf seine Kinder eingehen, die sind doch viel verletzlicher als ich, die Erwachsene. Damit habe ich mich systematisch kaputt gemacht – und es noch nicht einmal gemerkt.«

Iris scheiterte an dem Anspruch, die perfekte Patchworkfamilie haben zu wollen und allen gerecht zu werden. Wie konnte das passieren? Wie kann es sein, dass niemand sie schüttelte bei dem selbstaufopfernden Versuch, die beste Stiefmutter aller Zeiten zu werden? Kann es sein, dass Iris genau das getan hat, was die Gesellschaft eigentlich von einer »guten« Stiefmutter erwartet?

→ **Tipp für Stiefmütter**

Seien Sie hart. Haben Sie eine Grenze gezogen, bleiben Sie dabei. Egal, an welcher Front die steht. Erst wenn der »Gegner« einen Kompromiss sucht, können Sie einlenken. Das gilt für die Extrawurst beim Kinderessen genauso wie für das Einschlafen in Ihrem Bett oder die quengelige Forderung: »Ich will jetzt aber doch wieder zu Mama.« Wenn Sie immer wieder nachgeben, verlieren Sie irgendwann sich selbst.

Die Geschichte von Elfie und Rainer: Wenn die neue Frau das Geld verdient

Als Elfie ihren jetzigen Mann kennenlernte und Freunden vorstellte, staunten die nicht schlecht. Rainer war ein äußerst schlecht verdienender Hausmeister von Mitte vierzig, Elfie Anfang dreißig und Ärztin. Das kann doch nicht gut gehen, dachten alle. Auch Elfie war zunächst skeptisch, aber sie hatte sich nun einmal in ihn verliebt. Rainer schrieb in seiner Freizeit Gedichte, philosophierte, war ein inspirierender Gesprächspartner und Feingeist mit vielen Talenten. Nur Geldverdienen gehörte nicht dazu. Er war nicht einmal in der Lage, den Mindestunterhalt für seine beiden Töchter, elf und neun, aus erster Ehe zu leisten. Nach Abzug des Selbstbehalts konnte er keineswegs das Minimum von 225 Euro pro Kind zahlen, sondern nur 150 Euro.

Mangelscheidung nennt man das, wenn beiden Ehepartnern nach der Scheidung nicht genügend bleibt, um ihren Lebensbedarf zu decken. Damit Sie Elfies Geschichte verstehen, will ich kurz auf das deutsche Scheidungsrecht eingehen. Bei der Barunterhaltspflicht gegenüber minderjährigen Kindern hat ein Vater alles zu tun, um so viel zu verdienen, dass er in der Lage ist, diesen Unterhalt zu leisten. Zur Not muss er einen Nebenjob zusätzlich zu seiner 40-Stunden-Stelle annehmen. An die eigene Lebensplanung darf ein Vater wie Rainer also erst denken, wenn er den Kindesunterhalt sichergestellt hat. Bei ihm fiel dadurch ein Studium, was er gern aufgenommen hätte, flach. In diesem Fall hätte er nämlich nicht einmal die 150 Euro pro Kind zahlen können. So arbeitete er an der Uni als Hausmeister.

Nach drei Jahren heirateten Elfie und Rainer. Seine Kinder streuten Blumen, alles war nach außen hin gut. Aber von Anfang an war Elfie klar, dass sie ihren Frieden teuer erkauft hatte. Im Gegensatz zu Rainer, der an Geld kein Interesse hatte, witterte seine Ex in der »reichen Ärztin« einen Goldesel. Kaum waren Elfie und Rainer zusammengezogen, verlangte sie mehr Unterhalt. Elfie: »Sie sagte, Rainer bräuchte nun nicht mehr so viel Geld für sich und könnte dementsprechend mehr Geld abgeben. Das Gericht gab ihr Recht.« Das war Elfies erste Lektion in Sachen zweiter Frau. »Rainers Selbstbehalt wurde von 1 000 Euro auf 850 Euro verringert, da wir zusammenwohnten. Somit konnte er jetzt den Mindestunterhalt von 225 Euro zahlen. Die Differenz zum Mindestunterhalt könne ich ihm ja erstatten, erklärte der Richter. Und er solle bloß nicht auf die Idee kommen, in die schlechtere Steuerklasse wechseln zu wollen, ohne seiner Ex einen Ausgleich zu zahlen.«

Ein Jahr später war Elfie schwanger. Eine Elternzeit oder gar Halbtagsarbeit war nicht möglich, schließlich war sie mehr oder weniger die Alleinverdienerin. Aber auch Rainer durfte eigentlich nicht Hausmann werden oder in Elternzeit gehen, denn er war gesetzlich verpflichtet, ausreichend Geld für den Kindesunterhalt zu verdienen. Rainer nahm natürlich Elternzeit, nachdem das Kind geboren war. Elfie arbeitete Überstunden, da sie jetzt drei Kinder (zwei aus Rainers erster Ehe und das gemeinsame) finanzieren musste. Schriftlich erklärte sie der Exfrau, sie würde den Kindesunterhalt zahlen. Einzig aus dem Grund, damit diese mit der Elternzeit einverstanden war. Das macht Elfie übrigens bis heute, da mittlerweile ein zweites Kind da ist. Der neue Mann von Rainers Exfrau wurde dagegen niemals zu einer Zahlung verpflichtet.

Auch Elfie musste erleben, wie Rainers Kinder von der Mutter in zu kleinen Schuhen und zu engen Jacken ins Papa-Wochenende geschickt wurden. Sie sorgte dafür, dass seine Kinder neue Kleidung bekamen. Und bis heute werden sie jeden Monat von ihr ausgestattet, um bei seinen Töchtern (und auch bei ihm) nicht den Eindruck zu erwecken, die Kinder, die er mit Elfie hat, würden bevorzugt und seien privilegiert. Eigene Wünsche, wie zum Beispiel einen Traumurlaub in der Karibik, versagt Elfie sich. »Ich möchte, dass unsere Kinder Klavierunterricht bekommen. Rainer wollte das nicht, er hatte Angst, seine Kinder würden sich dann zurückgesetzt fühlen. Jetzt zahle ich allen den Klavierunterricht. Wäre unsere Beziehung nicht so schön, hätte ich längst das Handtuch geschmissen. Jetzt freue ich mich auf die Zeit, wenn seine Kinder erwachsen sind.« Ob sie seine Kinder liebt?, wollte ich von ihr wissen. Elfie antwortete diplomatisch: »Ich arrangiere mich mit ihnen, die Große ist mir sogar sympathisch, die Kleine eigentlich nicht. Aber ich finde es prima, dass sich die vier untereinander wenigstens gut verstehen.«

Bis heute muss sie sich übrigens gegen die Attacken seiner Exfrau wehren, die Elfie zwar als gute Einnahmequelle ansieht, aber nicht gewillt ist, ihrerseits Kompromisse zu schließen. Weihnachten wird so gefeiert, wie die Ex sich das vorstellt. Bei ihr von 15 bis 20 Uhr. »Sie hat ein Programm, mit Christkind und Baum und Gedichten und Familie, das sie erbarmungslos durchzieht. Rainer kann entweder mitmachen oder wegbleiben. Die Zeiten zu ändern oder ein jährlicher Wechsel kommt für sie nicht in Frage. In der ersten Zeit hatte ich noch Verständnis, auch wenn es blöd war, mit den beiden Kleinen allein zu sein. Aber jetzt sind sie in einem Alter, wo sie alles mitbekommen und sich fragen, warum Papa denn bei den anderen Kindern ist und nicht bei ihnen.« Elfie hat sogar angeboten, dass alle gemeinsam feiern. Aber das wurde von der Ex auch abgelehnt. »Sie meinte, das würde sie nur machen, wenn wir alle gemeinsam in einem Hotel in den Bergen feiern würden. Aber sie hätte natürlich kein Geld, das zu bezahlen.« Sprich: Wenn Elfie der Ex und ihrer Familie den Urlaub finanziert, wäre diese bereit, einer gemeinsamen Feier zuzustimmen.

Ist Elfie eine »böse Stiefmutter«, weil sie keine innigen Gefühle für seine Kinder hegt? Oder könnte man nicht sogar sagen, dass Elfie das Beste ist, was seinen Kindern passieren konnte? Dass sie ihnen vieles ermöglicht, was sonst niemals machbar wäre? Im Freundeskreis bekam sie schon häufiger zu hören, sie sei eine Rabenmutter, weil sie arbeiten und ihre Kinder den ganzen Tag bei Rainer lassen würde. Sie wäre gern häufiger bei den Kindern, erklärte sie im Gespräch. »Ich habe deren erste Worte verpasst, die ersten Gehversuche. Krankenhausschichten sind eben nicht immer kompatibel mit den Etappen der Kinderentwicklung.« Und hatte sie sich früher ein anderes Leben vorgestellt? »Klar. Bevor ich Rainer begegnete, wollte ich mich irgendwann selbstständig machen, Kinder bekommen und danach nur noch halbtags arbeiten. Aber das ist in unserer Situation nicht möglich. Das finanzielle Risiko einer eigenen Praxis ist zu groß.« Elfie, die Stiefmutter, hat viele eigene Träume zugunsten ihres Mannes und seiner Kinder aufgegeben, aber sie versicherte: »Für meinen Mann mache ich das alles jedoch gern, er ist das Beste, was mir passieren konnte.«

Gesammelte (H)Exensprüche

Hier eine »Best-of«-Sammlung von (H)Exensprüchen, die ich von Stiefmüttern hörte. Wahrscheinlich kommt Ihnen die eine oder andere Aussage bekannt vor:

- »Die Alte von deinem Vater hat dir gar nichts zu sagen.«
- »Diese dumme Kuh kriegt meine Kinder nicht!«
- »Ich kann die Kleine nicht zwingen. Ich habe sie gefragt, ob sie mich allein lassen und zu Papa will – und sie hat Nein gesagt.«
- »Wenn du heute bei deinem Papa schläfst, habe ich dich nicht mehr lieb.«
- »Ich will nicht, dass du beim Schulfest dabei bist, mein Neuer mag dich nicht!«
- »Ich werde heiraten und will, dass mein Sohn dann auch den Namen meines neuen Mannes annimmt. Wir sind dann die Familie.«
- »Ich möchte, dass die Kinder dich zukünftig mit dem Vornamen ansprechen. Mein neuer Mann ist jetzt der Papa.«

- »Ich mach das alles nur zum Wohle des Kindes.«
- »Wenn dein Vater das nicht zahlt, hat er dich wohl nicht lieb.«
- »Du hast mein Leben zerstört, das wirst du büßen müssen.«
- »Wenn das nicht geht, dann willst du deine Tochter wohl nicht mehr sehen.«
- »Zahlst du mein Fitnessstudio, kannst du die Kinder sehen.«
- »Du tust das, was ich dir sage, du weißt, was dir sonst blüht.«
- »Du bist gar nicht mein Papa. Mama hat gesagt, du bist nur mein Erzeuger.«

Scheidung vor 1977: Die Hausfrauenehe

Die Ex von Rainer, die Ex von Michael und auch die Ex meines Mannes hatten ihre Männer verlassen. Zum Teil für einen neuen Partner, zum Teil, weil sie nicht mehr mit dem Vater der Kinder zusammenleben wollten. Eigentlich sollte man annehmen, diese Exfrauen wären dann auch kompromissbereit. Weit gefehlt. Oft genug ziehen gerade die Frauen, die von sich aus die Familie verlassen haben, ihre Ansprüche gnadenlos durch. Nicht selten werden haarsträubende Lügengeschichten erzählt. Viele Exmänner mutieren plötzlich zu Schlägern, Alkoholikern oder psychisch Kranken. Die Psychologin Michaela Hachenberg aus Würzburg hat über das Thema Kindesentfremdung geschrieben und wundert sich nicht darüber: »Wenn eine Frau ihren Mann verlässt, womöglich für einen anderen Mann, muss sie sich vorbeugend rechtfertigen. Immerhin hat sie die Familie zerstört. Wenn sie dann erzählt, er sei gewalttätig oder psychisch krank oder hätte sich nie um sie und die Kinder gekümmert, wird die Gesellschaft ihr die Entscheidung nicht vorwerfen. Dann findet sie sogar Verständnis und Mitleid. Viele dieser Frauen setzen anschließend alles dran, den neuen Mann als den Guten, den Retter, den eigentlichen Vater darzustellen. Der leibliche Vater wird oft nur noch als ›Erzeuger‹ bezeichnet und sollte möglichst seinen Unterhalt zahlen, ansonsten aber aus ihrem und dem Leben der Kinder verschwinden.«

Das heutige Scheidungsrecht macht es diesen Frauen leicht. Das Prinzip der schuldigen Scheidung ist seit vielen Jahren abgeschafft. Die Kinder bleiben meist bei der Mutter, selbst wenn die sich aus der Ehe verabschiedet hat. Es ist völlig egal, wer wen verlassen hat – Unterhalt muss immer derjenige zahlen, bei dem die Kinder nicht leben. Und die meisten Männer tun das auch. Im Gegensatz zu den Frauen, die Unterhalt für die bei den Vätern lebenden Kinder zahlen müssten. Die Zahlungsmoral sieht laut einer Studie, die der Jurist und Präsident der Nürnberger Fachhochschule, Roland Proksch, im Auftrag des Bundesministeriums für Justiz 2002 durchführte – die Studie wurde übrigens bislang nicht erneuert, vielleicht hat sie den Auftraggebern im Endergebnis nicht gefallen –, bei den Müttern deutlich weniger gut aus. Danach kamen neun von zehn Vätern für den Unterhalt auf, aber nur vier von zehn Müttern. Daran hat sich bis heute nicht viel geändert, wie ich von den Stiefmüttern und Jugendamtmitarbeitern erfahren habe.

Bis zum »Ersten Gesetz zur Reform des Ehe- und Familienrechts«, das am 1. Juli 1977 in Kraft trat, war die Ehe laut Gesetz recht schlicht geregelt: Der Mann arbeitete, die Frau betreute Haus und Kinder, das verstand man unter »Hausfrauenehe«. Wollte eine Frau arbeiten, benötigte sie das Einverständnis ihres Mannes, der überhaupt in allen Fragen der ehelichen Gemeinschaft das Sagen hatte. Wollte man sich trennen, galt das Schuldprinzip. Der Ehepartner, der das Scheitern der Ehe »verschuldet« hatte, wurde in die Verantwortung genommen. Ging der Mann beispielsweise fremd und die Frau reichte daraufhin die Scheidung ein, musste er ihr Unterhalt zahlen. Ging sie fremd und er reichte die Scheidung ein, bekam sie keinen Pfennig von ihm. Eine Folge dieses Scheidungsrechts war das Waschen »schmutziger Wäsche«, was mit der Reform – so jedenfalls die Idee – abgeschafft werden sollte.

Wurde zuvor eheliche Untreue genauso als Grund für eine schuldige Scheidung gesehen wie die Verweigerung der ehelichen Pflichten oder die Vernachlässigung des Haushalts, sollte es jetzt keine gegenseitigen Anschuldigungen, keine Zeugen, keine Privatdetektive, keine Auflistung der Verfehlungen mehr geben. Für eine Scheidung reichte eine gemeinsame Erklärung aus, nämlich, dass die Ehe zerrüttet sei. Mittels der Scheidungsreform von 1977 wurde so die »Hausfrauenehe« durch das »Partnerschaftsprinzip« ersetzt. Jetzt gab es für die Ehe auch keine gesetzlich vorgeschriebene Aufgabenteilung mehr.

In der Folge war nun stets der wirtschaftlich stärkere Partner dem wirtschaftlich Schwächeren gegenüber unterhaltsverpflichtet. Eine Schuld gab es nicht mehr. Im Regelfall war es der Mann, der mehr verdiente und deshalb der Frau Unterhalt zahlen musste. Zusätzlich wurde der Versorgungsausgleich eingeführt, der die von einem Ehepartner erworbenen Pensions- oder Rentenansprüche an den anderen umverteilte, denn das neue Scheidungsrecht sollte auch den Frauen zugutekommen. Gerhard Jahn (SPD), der Justizminister, der federführend an dem Gesetz mitwirkte, sagte damals: »Trotz zahlreicher Änderungen im

Laufe der Zeit ist bis zum heutigen Tage ein einseitiger Vorrang des Mannes aufrechterhalten geblieben. Ziel des Entwurfs ist ein Eherecht, das dem partnerschaftlichen Eheverständnis entspricht, ein faires und ehrliches Scheidungsrecht und ein gerechtes Scheidungsfolgenrecht.«

So weit der Plan. 1977 war eine Hochzeit der Emanzipation und des Feminismus, die Frauen forderten ihre Rechte ein, sie wollten nicht mehr vom Mann abhängig sein und bejubelten das neue Gesetz. Endlich wurden Mann und Frau als gleichwertig angesehen. Der Jubel bei den Männern hielt sich allerdings in Grenzen. Denn eines war allen schnell klar: Während das Scheidungsrecht vor 1977 darauf angelegt war, nacheheliche Verpflichtungen nur dem aufzuerlegen, der für das Scheitern der Ehe verantwortlich war, kamen jetzt langfristige Unterhaltsverpflichtungen ausschließlich auf den Mehrverdiener zu, also meist auf den Mann. Unabhängig davon, ob er das Ende der Ehe wollte oder verschuldet hatte. Dabei war das Gesetz einmal ganz anders gedacht. Justizminister Jahn ging bei seinen Entwürfen schon von der emanzipierten Frau aus. »Nach der Scheidung hat jeder Ehegatte selbst für seinen Unterhalt zu sorgen«, formulierte er den Kern der beabsichtigten Reform. So wurde sie dann aber nicht ganz umgesetzt. Das sagte er bereits 1970! Vor mehr als fünfundvierzig Jahren.

Der *Spiegel* schrieb geradezu hellseherisch in Heft 27/1977: »Dass eine Frau, die bislang gezwungen war, eine leere oder lästige Ehe nur aus wirtschaftlichen Gründen aufrechtzuerhalten, sich von dieser Last befreit, nimmt das Gesetz in Kauf. Früher hätte sie nicht einmal ausziehen dürfen, ohne Gefahr zu laufen, wegen ›böswilligen Verlassens‹ schuldig geschieden zu werden; kein Pfennig hätte ihr zugestanden. Das männliche Unbehagen an der neuen weiblichen Dispositionsfreiheit liegt ganz gewiss daran, dass in extremen Fällen tatsächlich eine Laune genügt, um die Wirtschaftsgemeinschaft Ehe aufzukündigen und sich auszahlen zu lassen. Genau diese Bruchstelle macht das Recht fragwürdig: Zwar kann auch der Mann desertieren, doch er muss, heute wie früher, alle wirtschaftlichen Konsequenzen auf sich nehmen. Für die Frau dagegen ist, anders als früher, der Schritt fast ohne Risiko; sie kann nur gewinnen.«

Ich springe in die Jetzt-Zeit. 2013 standen zwei Scheidungen im Fokus der Boulevardmagazine. Die Schauspielerin Christine Neubauer wollte sich nach dreiundzwanzig Jahren Ehe von ihrem Ehemann, dem Sportjournalisten Lambert Dinzinger, scheiden lassen. Auch der Fußballer Rafael van der Vaart und Moderatorin Sylvie Meis beendeten ihre Ehe. Bei beiden Trennungen standen neue Partner im Mittelpunkt. Sowohl Christine Neubauers neuer Freund, der Fotograf José Campos, als auch Sylvie Meis' ehemals beste Freundin Sabia Boulahrouz, die dann mit dem Fußballer zusammen war, kamen in der Presse nicht gut weg.

Völlig unterschiedlich wurde es allerdings bewertet, als Lambert Dinzinger und Sylvie Meis Unterhalt beziehungsweise eine Abfindung forderten. Die Moderatorin, die nach acht Jahren Ehe – in denen sie selbst viel verdiente – »nur« 4,5 Millionen erhalten sollte, wurde bemitleidet, da ihr der »knallharte Ehevertrag, den sie gutgläubig unterschrieben hatte«, so der Ton der bunten Presse, nicht mehr von Rafaels angeblichem Vermögen von 25 Millionen Euro zusprach. Lambert Dinzinger dagegen, der sechsundzwanzig Jahre ohne Ehevertrag verheiratet war und den Sohn aufgezogen hatte, während seine Frau bei Dreharbeiten unterwegs war, wurde in den Frauenzeitschriften als »raffgierig« bezeichnet, ihm wurde unterstellt »die Bodenhaftung verloren zu haben«, weil er rund 10 000 Euro monatlichen Unterhalt von der vermögenden Schauspielerin forderte. Ist das nicht seltsam? Auch heute ist es offensichtlich nicht dasselbe, wenn zwei das Gleiche tun ...

Noch immer scheint man sich zu wünschen, dass eine Frau nach der Ehe bestens dasteht, bei einem Mann hat diese Tatsache fast etwas Anrüchiges. Dabei sollte das Gesetz von 1977 doch bewirken, dass Mann und Frau nicht nur während der Ehe gleichberechtigt sind, sondern auch nach einer Scheidung. Gleichberechtigt sollte wieder jeder Partner für den eigenen Unterhalt sorgen.

Ich wollte wissen, ob eine zweite Frau vor 1977 andere Erfahrungen als Stiefmutter gemacht hat als eine zweite Frau von heute. Ich gab entsprechende Anzeigen in lokalen Tageszeitungen auf und war erfolgreich. Es meldeten sich etliche Damen zwischen achtundsechzig und siebenundsiebzig, die Patchwork schon damals praktizierten. Mein Erstaunen wuchs. Keine der Damen konnte jene Schauergeschichten anbieten, die heutzutage im Umlauf sind:

Die Geschichte von Renate und Dieter:
»Wir waren für alle Kinder gleichermaßen zuständig«

Renate, fünfundsiebzig, und Dieter, dreiundachtzig, lernten sich 1975 über ein Inserat in einer Zeitung kennen. »Bei unserem ersten Treffen haben wir uns gleich von unseren Kindern erzählt. Dieter sagte mir, dass seine beiden Töchter bei ihm und nicht bei der Exfrau leben. Dann ging alles ganz schnell, wir haben die Kinder einander vorgestellt, haben uns nach vier Wochen verlobt, sind zusammengezogen und haben nach wenigen Monaten geheiratet.« Ein rasantes Tempo. Aber bei den beiden ging alles gut, sie blieben bis zu Dieters Tod vor wenigen Monaten ein Paar.

Anfangs gab es auch Konflikte, weil Renates Erziehungsvorstellungen von denen ihres Mannes abwichen: »Er war ein strenger Vater, ich war wesentlich milder und lockerer. So habe ich zum Beispiel eingeführt, dass bei uns am Tisch die Kinder reden durften, das gab es vorher nicht.« Renate behandelte die beiden Stieftöchter, die damals elf und dreizehn waren, nicht anders als ihre eigenen Kinder. Eine vierjährige Tochter brachte sie mit in die Ehe, später kam ein gemeinsamer Sohn dazu. »Ich habe mit ihnen genauso Hausaufgaben gemacht, manchmal war ich bei den Stiefkindern sogar mit mehr Einsatz dabei. Ich habe alle ins Bett gebracht, für alle gekocht, war für alle immer da.« Sie sei sehr blauäugig in diese Ehe gegangen, gestand sie mir in unserem Gespräch, weil sie sich überhaupt keine Gedanken darüber gemacht hätte, was da auf sie zukommen würde. Aber im Grunde sei alles ganz gut gelaufen. »Es war viel Arbeit, aber es ging.«

Renates Exmann zog nach der Scheidung in eine andere Stadt, wodurch der Kontakt zu seiner Tochter immer seltener wurde. »Er hat dann ebenfalls wieder geheiratet, diese Frau hat unsere Tochter aber nicht kennengelernt. Für sie war mein zweiter Mann eigentlich der Vater.« Dieter musste keinen Unterhalt für seine Exfrau zahlen, da die schuldig geschieden wurde. Auch Renates Exmann musste für keinen Unterhalt aufkommen, da Renate die Scheidung wollte. Ihr Exmann war nur bereit gewesen, dieser zuzustimmen, wenn sie sich schuldig scheiden ließ. »Er zahlte aber Unterhalt für meine Tochter. Damals war das System noch anders, ob es schlechter war, weiß ich nicht. Man hatte auf jeden Fall mehr Klarheit. Und das, was man heute erlebt, die zermürbenden Gespräche über Unterhaltszahlungen, gab es bei uns nicht.«

Bei dem Wort »Klarheit« horchte ich auf, Klarheit ist etwas, das heute vielen zweiten Frauen fehlt. Sowohl in Hinsicht auf finanzielle Verpflichtungen – hier können nicht einmal Rechtsanwälte eindeutige Auskünfte geben, vieles ist eine Einschätzungssache des jeweiligen Richters – als auch bei der Aufgabenteilung. Die Selbstverständlichkeit, mit der Dieter und seine Ex zuließen, dass Renate sich um seine Kinder kümmerte und dabei sogar Erziehungsvollmachten ausübte, entlockt sicher manch einer zweiten Frau von heute ein träumerisches Seufzen.

Renates und Dieters Kinder waren in ihren Klassen die Einzigen, die in einer Patchworkfamilie lebten. »Das Wort gab es zu dieser Zeit noch gar nicht, auch musste sich Renate keine Bemerkungen anhören wie: »Du hast mir gar nichts zu sagen, du bist nämlich nicht meine Mutter.« Renate: »Ich weiß, dass es heute so etwas gibt, aber damals war es anders. Und ich glaube, dass meine Stieftöchter zu mir ein sehr vertrautes Verhältnis hatten. Wir konnten über alles reden.«

Renates Tochter hat jetzt selbst ein Kind, ist geschieden und war danach mit einem Mann zusammen, der ebenfalls Kinder aus erster Ehe hatte. Von daher weiß Renate, wie das Leben einer zweiten Frau aktuell aussieht: »Von dem Mann hat meine Tochter sich wieder getrennt, weil sie diese Situation nicht mehr ertragen konnte. Seine Kinder standen bei ihm immer an erster Stelle. Meine Tochter hat mir oft erzählt, sie hätte das Gefühl, für sie sei einfach kein Platz da. Sein ganzes Herz war mit den Kindern besetzt. Heute verstehen sich die Männer eben besser mit ihren Kindern. Der Nachteil ist nur, dass die Frauen sich häufig zurückgesetzt fühlen.«

Von Renate wollte ich nun wissen, wie es bei ihr gewesen war. Sie sagte: »Ich hatte nie das Gefühl, dass meinem Mann seine Kinder wichtiger waren als ich. Heute aber haben Männer oft ein schlechtes Gewissen, wenn sie Kinder haben und sich scheiden lassen. Sie versuchen das mit einer Art Überliebe zu kompensieren. Den Kindern lässt man viel durchgehen. Immer mit dem Argument, die armen Kleinen hätten es ja so schwer. Damals hat man sich über psychologische Auswirkungen jedoch überhaupt nicht den Kopf zerbrochen. Ob es jetzt allerdings besser ist, ob die Kinder so viel besser geraten, bezweifle ich.«

Von ihrer Tochter hat Renate einiges erfahren, von der Weigerung der Kinder, etwas zu essen, von dem hin und her gerissenen Vater, den Schuldgefühlen, dem Zuviel an Geschenken, der Angst vor einer kindlichen Traumatisierung und der Einmischung der Ex in den Alltag. Renate hat davon nichts erlebt. »Es war klar, dass ich zu Hause das Sagen hatte, wenn mein Mann im Büro war, und genauso klar war es, dass ich in der Erziehung das letzte Wort hatte. Da gab es nie den Konflikt, dass der Vater und seine Kinder auf der einen Seite standen und ich mit meiner Tochter auf der anderen.«

Verklärt Renate die Vergangenheit, oder ist Patchwork erst in der Neuzeit so kompliziert geworden? Aus meiner persönlichen Erfahrung kann ich berichten, dass ich es ähnlich kennengelernt habe. Meine Eltern wurden vor 1977 geschieden und ich wuchs bei meinem Vater auf. Als Kind kam ich nie auf die

Idee, dass ein »Schuldprinzip« dahinter stehen könnte; und wie bei Renates und Dieters Kindern war ich damals an unserer Schule das einzige Kind, das geschiedene Eltern hatte. Dass meine Eltern sich je um Geld, Unterhalt oder Besuchsrecht stritten, daran kann ich mich nicht erinnern. Das Gericht hatte einen klaren Schnitt gemacht. Bis zu dem Tod meines Vaters pflegten meine Eltern einen sehr netten und freundschaftlichen Umgang.

Die Geschichte von Stella und Hartwig:
»Wir hatten so viel Arbeit, für Patchwork-Probleme war keine Zeit«

Stella ist fünfundsechzig und Hartwig zwölf Jahre älter, das Paar betrieb ein gutbürgerliches Restaurant in Wilhelmshaven. Er brachte zwei Kinder mit, einen Jungen und ein Mädchen, sie eine Tochter. Die beiden begegneten sich im Dezember 1975 zum ersten Mal, im Mai des darauffolgenden Jahres zog sie zu ihm und arbeitete in seinem Restaurant mit. Stella erinnert sich: »Das war natürlich ein großer Einschnitt in meinem Leben, eine neue Welt. Ich musste erst einmal das professionelle Kochen lernen, die ganzen Gegebenheiten in einem Restaurant. Dazu kamen seine beiden pubertierenden Kinder, fünfzehn und vierzehn, die uns jedes zweite Wochenende besuchten. Meine Tochter war damals erst vier Jahre alt. Das Familienleben konzentrierte sich also auf Samstag und Sonntag, parallel zum Wochenendgeschäft, ohne das ein Landgasthaus nicht überleben kann.« Stella fragt sich heute, wie sie das früher überhaupt geschafft hat. »So viel Arbeit, es war eine wirklich schwere Zeit. Für Patchwork-Probleme hatten wir gar keine Zeit. Die Kinder liefen oft eigentlich nur mit.«

Stella und Hartwig wurden beide 1975 von ihren ersten Ehepartnern geschieden. Hartwig hatte seiner Exfrau eine gewisse Summe aus dem Geschäft ausgezahlt, danach ging sie wieder arbeiten. Natürlich hat er für seine Kinder Unterhalt gezahlt, das empfand Stella auch als selbstverständlich. »Aber so wie das heute oft läuft, dass die Frauen noch Jahre nach der Scheidung mit ihrem Mann um Geld streiten oder Geld verlangen, das habe ich damals nie erlebt. Weder bei uns noch bei anderen Paaren, die wir kannten.« Stella sagt, alle seien »vernünftig und ordentlich« miteinander umgegangen, mit der Exfrau und dem Exmann. »Es ging um die Kinder, das war allen wichtig.«

Die Kinder seien leider viel zu sehr auf sich gestellt gewesen, da auch die Exfrau von Hartwig wieder arbeitete. »Natürlich gab es Probleme in der Schule oder später in der Lehre. Die haben aber alle Erwachsenen versucht gemeinsam mit den Kindern zu meistern. Das hat bei dem Jungen gut geklappt, bei dem Mädchen spielte viel Eifersucht hinein, sie musste ihren Vater ja jetzt teilen, wenn sie am Wochenende kam. Nicht nur mit seiner Arbeit und dem Bruder, sondern auch noch mit mir, der neuen Frau, und meiner Tochter. Da war immer eine Distanz zwischen uns, die sich erst viel später besserte.«

Über sieben Jahre kam Hartwigs Tochter dann nicht mehr. An den Auslöser kann sich heute niemand mehr erinnern. »Das war für meinen Mann nicht schön, aber er hat immer zu mir gehalten.« Stella ist ehrlich, sagt, dass sie damals erleichtert gewesen war, als sich das Problem mit seiner Tochter auf diese Art von selbst erledigte. »Mit seinem Sohn gab es nie Schwierigkeiten, da lief alles wunderbar, Ärger hatten wir nur mit ihr. Und der war durch die Funkstille plötzlich weg. Ich bin kein Mensch, der Unfrieden verträgt. Ich wollte mein Leben friedlich leben. Und das war mit ihr nicht möglich.«

Schließlich wurde Hartwig sehr krank und musste am Herzen operiert werden. Stella rief seine Tochter an und informierte sie. Sie besuchte ihren Vater im Krankenhaus, und von diesem Moment an normalisierte sich die Beziehung wieder. Seither haben alle den Kontakt gehalten. »Rückblickend denke ich, wir haben uns damals zu wenig um die Kinder gekümmert. Es fehlte ihnen materiell zwar an nichts, aber wir hatten einfach keine Zeit für sie. Die sind heute alle gastronomiegeschädigt, gehen ungern in Restaurants oder Kneipen. Wir haben wirklich so viel gearbeitet, das kann man sich heute kaum noch vorstellen.«

Sechzehn-Stunden-Tage waren die Regel, auch am Wochenende. Stella half selbstverständlich mit, trotzdem gab es die traditionelle Rollenaufteilung. »Hartwig redete mir nicht in die Erziehung der Kinder hinein, auch nicht in die seiner Kinder. Das hat er komplett mir überlassen. Er kümmerte sich stattdessen um das Geschäft.«

Stella, Renate und die anderen Frauen, die in den Siebzigern Patchworkerinnen wurden, erzählten mir durchweg das Gleiche. Für alle Kinder waren sie gleichermaßen zuständig, auch für die Stiefkinder. Viele Stiefmütter erleben das heute anders. Stella will aber nichts verherrlichen: »Es gab trotzdem viel Streit mit den Kindern. Die mussten viel im Geschäft mithelfen, was sie jedoch nicht sehr mochten. Aber Hartwig und ich waren der Meinung, dass man Kinder nicht nur in Watte packen könne, sie müssten durchaus ihren Teil zum Restaurant beitragen. Nur hatten die dazu nicht immer Lust.« Heute hat Stella ein gutes Verhältnis zu ihren Stiefkindern. Sie telefonieren viel.

Das Gasthaus ist mittlerweile verkauft. »Ein Restaurant bedeutet viel Arbeit, aber nicht unbedingt viel Geld. Meine Mutter hat uns oft etwas zugeschustert, damit wir den Monat überstehen konnten. Auf der anderen Seite glaube ich, dass uns dadurch viele Probleme, von denen man heute bei Stiefmüttern und Stiefkindern hört, gar nicht aufgefallen sind. Eine Freundin erzählte mir mal, der Stiefsohn ihrer Tochter würde ihr Essen nie anrühren, darunter würde die Tochter sehr leiden. Ehrlich gesagt, weiß ich gar nicht, ob meinen Stiefkindern mein Essen geschmeckt hat. Meist stand es im Ofen, wenn sie auftauchten, sie mussten sich dann selbst etwas auf den Teller füllen. So habe ich vieles wohl gar nicht mitbekommen.«

→ **Tipp für Stiefmütter**

Freuen Sie sich auf das Alter. Ex-Patchworkerinnen sagen, man würde das Schlechte vergessen und gemeinsam an die guten Zeiten zurück denken. Eine schöne Perspektive.

Stella arbeitet weiterhin Vollzeit, heute in der Verwaltung. Nebenbei hat sie eine Putzstelle angenommen und macht viel im eigenen Garten. »Ganz ohne Arbeit könnte ich nicht leben. Und wahrscheinlich habe ich das auch immer von den Kindern verlangt.« Dennoch genießen sie und ihr Mann das Leben heute mehr als früher, sie unternehmen viel, wissen es zu schätzen, dass sie sich noch haben. »Gesundheitlich sind wir gebeutelt, aber wir lassen uns nicht unterkriegen. Wir beide sind uns die wichtigsten Menschen, zumal unsere Kinder ihr eigenes

Leben führen.« Happy End, möchte man fast sagen. Ob Iris, Kim, Merle oder Elfie das auch einmal von ihrem Leben als Stiefmutter behaupten können?

In den Geschichten von Renate und Stella spielen die Exfrauen keine Rolle. Ein Zufall? Oder liegt das tatsächlich am alten Scheidungsrecht mit seiner Eindeutigkeit? Die Mutter, die »schuldig« geschieden wurde, weil sie einen neuen Freund hatte, kam überhaupt nicht auf die Idee, den Ehemann finanziell bis aufs Blut auszusaugen. Heute nehmen es viele Frauen als selbstverständlich, dass man einen Ehemann verlassen kann und anschließend Unterhalt verlangt. Das ist keine Verurteilung, die Frauen nutzen nur die Möglichkeiten, die das System ihnen bietet. Aber ist das richtig? Und können wir uns fast vierzig Jahre nach dem offiziellen Aus der »Hausfrauenehe« immer noch darauf berufen? Müssen wir es dabei belassen, dass derjenige, der mehr verdient, abgeben muss? Warum ist es eine unzumutbare Härte, wenn eine Ehefrau nach einer Scheidung einen anderen Lebenswandel führt als während der Ehe? Ihr Mann lebt ja auch anders. Hätte sie gearbeitet und ihre Firma wäre pleitegegangen, hätte sie auch viele Veränderungen hinnehmen müssen. Ist der Anspruch auf ein gleichbleibendes Leben ein Phänomen der Neuzeit?

Sicher, es wurden seit 1977 immer wieder Veränderungen im Scheidungsrecht vorgenommen, zuletzt 2008. Die Zielrichtung des Gesetzes ist eigentlich klar. Lebenslanger Unterhalt soll der Vergangenheit angehören. Vorrangig ist Unterhalt für die Kinder. Aber schnell wurden Stimmen laut, das sei ungerecht den alten Ehen gegenüber. Schließlich hatten sich nach 1977 die Ehefrauen ja auf Unterhalt ohne Gegenleistung einstellen können.

So wurden Änderungen wieder zurückgenommen, Ausnahmen eingefügt. Immer noch wissen viele Richter nicht, wie sie mit den neuen Gesetzen umgehen sollen, zu viele Eventualitäten sind noch nicht verbindlich. Nicht einmal bei Rechtskongressen herrscht Einigkeit. Manchmal scheint es, als wären heute alle mehr oder weniger Verlierer – die Männer, die zahlen, die ersten Frauen, die immer noch nicht genügend selbst vorsorgen, und die zweiten Frauen, die plötzlich mit dem ganzen Schlamassel zurechtkommen müssen.

→ **Tipp für Exfrauen und Stiefmütter**

Ich kann jede Exfrau verstehen, wenn sie Ängste hat. Vielleicht fragt sie sich: »Wie wird die neue Frau mit den Kindern umgehen?« Oder: »Wird sie sie gut behandeln?« Oder, ganz besonders schlimm: »Werden die Kinder sie vielleicht mehr lieben als mich?« Doch genauso wichtig ist es, sich zu fragen: »Tue ich meinen Kindern einen Gefallen, wenn ich meine Abneigung gegen den Vater auf das Kind übertrage?« Und: »Erhöht es die Chancen, dass es meinem Kind beim Vater und der Stiefmutter gut geht, wenn ich dem Kind vorher eintrichtere, es müsse sich dort nichts sagen lassen und könne zur Stiefmutter jederzeit pampig und unfreundlich sein?«

Jede Mutter sollte in sich gehen, wenn sie zum Beispiel einem siebenjährigen Kind, das sagt, es wolle nicht zum Papa, sofort freudig nachgibt und das Besuchswochenende verhindert. Sie würde das doch auch nicht tun, wenn das Kind morgens nicht zur Schule will. Das Argument vieler Mütter, sie würden das Kind nicht »zwingen« wollen, gilt dann plötzlich nicht mehr. Schickt die Mutter das Kind genauso selbstverständlich zum Vater wie zur Schule, nimmt sie dem Kind die Verantwortung ab, sich entscheiden zu müssen, bei welchem Elternteil es jetzt gerade sein will. Denken Sie an den von der Psychologin Katharina Grünewald vorgeschlagenen Stuhl bei der Familienkonferenz, wollen Sie dem Kind so etwas zumuten?

Beachten Sie: Viele Mütter sehen das Kind bei einer derartigen Weigerung als Verbündeten in ihrer eigenen Ablehnung dem Exmann gegenüber. Sie können sich nicht vorstellen, dass diese Äußerung des Kindes einfach nur bedeutet, dass es ungern die Mutter allein lässt, weil es am liebsten hätte, wenn Mama und Papa wieder zusammen wären. Genauso wenig vorstellbar ist für viele Mütter, dass ihr Kind, wenn das Besuchswochenende sich dem Ende zuneigt, ebenfalls zum Vater sagt, es wolle nicht zurück zur Mama. Das Prinzip ist dann genau das Gleiche.

Ein Kind liebt in der Regel beide Eltern und möchte nicht entscheiden, ob es Vater oder Mutter mehr mag. Stellen Sie sich vor, Sie haben zwei Kinder. Für welches würden Sie sich entscheiden? Für beide, oder? Nicht anders ist es für das Kind, wenn es vor die Wahl gestellt wird.

Stiefmütter können sich umgekehrt überlegen – und vielleicht auch aufschreiben –, was an der Exfrau positiv ist. Auch wenn das im ersten Moment schwerfallen mag, jeder Mensch hat gute Seiten. Ihr Mann hat diese Frau einmal geliebt oder zumindest begehrt. Es hilft, in Konfliktsituationen an diese positiven Dinge zu denken.

4 Generation Anspruch – Kinder an die Macht?

Wie eine verliebte Frau zur Stiefmutter wird und was Kinder davon halten

Ich mag Kinder. Ihre Ideen, ihren Witz, ihre Begeisterungsfähigkeit. Allerdings mag ich nicht alle Kinder. In meinem engeren Bekanntenkreis sind einige, die ich richtig ins Herz geschlossen habe, und andere, die ich nicht unbedingt jeden Tag sehen muss. Babys sind immer süß, aber schon bei Dreijährigen spalten sich die Meinungen. Zu vorlaut, zu ruhig, zu lahm, zu aufdringlich, zu frech, zu zurückhaltend, jeder hat seine eigenen Vorlieben, auch bei Kindern. Die Einzigen, die ein Kind uneingeschränkt süß und entzückend finden sollten, sind seine Eltern. Alle anderen Menschen haben Entscheidungsfreiheit. Theoretisch jedenfalls.

Diese Entscheidungsfreiheit ändert sich jedoch, wenn man sich in einen Mann mit Kindern verliebt. Plötzlich soll man ein Kind, das jedes zweite Wochenende aufkreuzt, lieben. Das sagt zumindest die Umwelt, das sagt vielleicht der Partner oder sogar die Stiefmutter selbst. Ganz gleich, wie das Wesen dieses Kindes ist, ganz gleich, wie es die Stiefmutter behandelt, es heißt dann: »Wir lieben den Mann, also lieben wir auch sein Kind. Schließlich ist es ein Teil von ihm.«

Die erste Begegnung mit den Kindern des neuen Partners wird von der Frau meist freudig herbeigesehnt. Sie weiß, der Junge und das Mädchen, die sie gleich kennenlernen wird, sind wichtig für ihn. Sie weiß auch, dass ihre noch recht junge Beziehung auf dem Prüfstand stehen wird, wenn sie sich mit den Kindern überhaupt nicht versteht. Aber das alles stört sie nicht, denn ein Cocktail aus Glückshormonen hat sich, frisch verliebt wie sie ist, in ihrem Körper ausgebreitet. Euphorisch begibt sich die Stiefmutter zum ersten Treffen. Für sie ist das etwas Großartiges, der Beweis, dass der Vater dieser Kinder es ernst mit ihr meint.

Früher wurde an diesem Punkt der Beziehung die neue Frau der zukünftigen Schwiegermutter vorgestellt. Damals wie heute mit der gleichen Intention: Der Mann möchte von der wichtigsten Person in seinem Leben einen Freifahrtschein für die neue Beziehung bekommen. Die Frau weiß das und gibt daher ihr Bestes, um in seine Familie integriert zu werden. Das erste Treffen selbst ist unterschiedlich. Manchmal findet das Kennenlernen in einem neutralen Rahmen statt, auf einer Kinderparty oder einem Spaziergang, manchmal wird es als zufällige Begegnung getarnt. Oder die Frau darf bei einem Besuchswochenende anwesend sein, nachdem der Vater bereits von ihr erzählt hat. Dann versucht die Frau mega-nett und aufmerksam zu den Kindern zu sein, und der Vater unternimmt alles, um beide Seiten voneinander zu überzeugen. Mann und Frau bemühen sich um das Kind, es fühlt sich wertgeschätzt.

Vielleicht ist das die Erklärung dafür, dass mir fast alle Stiefmütter erzählten, die ersten Treffen mit den Kindern seien äußerst harmonisch und mit Sympathie auf beiden Seiten abgelaufen. Die Schwierigkeiten wären immer erst nach einiger Zeit aufgetreten. Außerdem ist anzunehmen, dass Frauen, die gleich bei den ersten Treffen auf massive Probleme stießen, schnell die Flucht ergriffen und somit gar nicht erst zur Stiefmutter wurden.

Ist das Paar wieder allein, will der Mann natürlich wissen, wie die Frau zu seinen Kindern steht. Die steht immer noch unter dem Einfluss von Glückshormonen, schwärmt nun, findet seine Kinder total süß, lieb, entzückend – ganz der Papa eben. Und hat sich die kleine Maus oder der kleine Bub beim Abschied noch an sie geschmiegt, ist sie sowieso hingerissen. Das Leben als Stiefmutter wird sie locker wuppen, die Kleinigkeiten, die ihr vielleicht doch schon störend aufgefallen sind, bekommt sie bestimmt in den Griff. Der Vater ist glücklich und zufrieden, glaubt, dass alles gut ist, und hält sich fortan aus der ganzen Sache raus. Für ihn ist alles geklärt. Die Frau mag seine Kinder, die Kinder mögen die Frau offensichtlich ebenfalls – die Beziehung kann weiterlaufen.

Die Einzigen, die in dieser Anfangsphase wirklich schlau sind, das sind die Kinder. Die erwarten keine »Liebe« von der neuen Frau, denen ist allein das Ansinnen meist lästig. Auch wenn sie einen Kuss erwidern oder sich herzhaft drücken lassen – so ist das eine Momentaufnahme, keine Zustimmung für die Zukunft. Den (kleinen) Kindern war in vielen Fällen wahrscheinlich nicht einmal bewusst, dass es sich bei dem Treffen um eine Art Prüfung handelte. Ihnen ist die neue Frau relativ egal. Falls die Kinder überhaupt eine Erwartung haben, dann die, dass auch mit der neuen Frau alles weitergeht wie bisher, inklusive Papa-Bonus.

Das Essen soll möglichst so schmecken wie daheim, und danach soll es die bei Mama verbotenen Süßigkeiten geben oder die nicht erlaubten Computerspiele. Zubettgehzeiten, Sauberkeit, Ordnung, Taschengeld, Fernsehfreiheit – die Kinder haben alles bereits mit dem Vater festgelegt. Für sie läuft es nach seinen Regeln oder nach denen der ersten Familie – bestenfalls nach ihren eigenen Vorstellungen. Regeln, die von der Stiefmutter, die nun ebenfalls in dem Haushalt lebt, irgendwann aufgestellt werden, empfinden die Kinder als überflüssig. Wo kommen wir denn hin, wenn wir uns von der neuen Frau sagen lassen müssen, ob wir die Schuhe an der Tür ausziehen oder uns vor dem Essen die Hände zu waschen haben? Mama hat schließlich gesagt, wir müssen überhaupt nicht auf das hören, was die Stiefmutter sagt.

Viele Kinder tricksen dann und machen nach der netten, aber kurzen Eingewöhnungszeit deutlich klar, dass die Stiefmutter sich nicht einzumischen habe. Und die Väter? Die winden sich und wollen sich das Besuchswochenende nicht mit Auseinandersetzungen verderben. Eine Stiefmutter kann da eine Menge Pech haben und jedes zweite Wochenende in ihrem eigenen Zuhause nichts mehr zu melden haben. Willkommen in der Neuzeit! Ähnlich wie früher die Schwiegermütter, geben jetzt die Stiefkinder den Ton an. Und die zweiten Frauen machen anfänglich sogar oft noch widerstandslos mit.

Vielleicht ist Herbert Grönemeyer ja nicht unschuldig an dieser Entwicklung, immerhin forderte er schon 1986 in einem gleichnamigen Lied: »Kinder an die Macht«. Viele Frauen, die heute als Stiefmutter leiden, summten den Song damals mit. Sie konnten sich nicht vorstellen, was passiert, wenn Kinder tatsächlich an die Macht kommen. Die denken nicht an Papa oder die Stiefmutter, die denken nur an sich. Kinder sind die Sonne ihrer eigenen Welt. Und wenn Mama und Papa nach einer

Scheidung nicht mehr korrigierend eingreifen, sondern die Kinder in ihrem Anspruchsdenken bestätigen, wird es tragisch. Der Schritt zur dritten Front, die die Kinder dann bilden können, ist so nicht weit. Diese Front ist mit Abstand die schmerzhafteste. Sie trifft alle Beteiligten tief in ihrer Seele und kann blutige Schlachten auslösen.

Kinder werden heute nicht mehr erzogen, sondern befragt und in Entscheidungen mit einbezogen. Vor allem Scheidungskinder, die von ihren Eltern aus lauter Angst vor psychischen Schäden oft keine Grenzen mehr aufgezeigt bekommen, entwickeln ponyhofartige Wunscherfüllungsfantasien. Schließlich wird ihnen von der Mutter vermittelt: »Papa muss das zahlen.« Und Scheidungsväter, die ständig in der Furcht leben, ihre Kinder würden eines Tages nicht mehr zu ihnen wollen, versuchen jeden Wunsch zu erfüllen, um möglichst widerspruchslos das Wochenende zu überstehen. Sowohl die Mutter als auch der Vater übernehmen oft nicht mehr die elterliche Pflicht und Verantwortung, selbst zu entscheiden, was ihrer Meinung nach gut für das Kind ist, sondern behandeln sogar kleine Kinder wie gleichwertige Partner, mit denen man sich beratschlagt. So wird Kindern eine Machtposition gegeben, die sie vielleicht gern einnehmen, die sie aber auch völlig überfordert.

Eine Freundin von mir ist Religionslehrerin an einer Grundschule in Berlin. Dort ist Religion kein Pflichtfach, die Eltern können wählen, ob sie ihre Kinder zum Unterricht anmelden möchten oder nicht. Bei jeder Einschulung versucht meine Freundin die Eltern von der Teilnahme am Religionsunterricht zu überzeugen, schließlich hängt ihr Job von der Schülerquote ab. Die meisten Eltern sagen dann: »Ich muss das mit meinem Kind besprechen, ich werde es fragen, was es dazu meint.«

Mitbestimmung ist prima, aber kann ein fünf-, sechsjähriges Kind darüber »entscheiden«, ob es am Religionsunterricht teilnehmen möchte? Woher soll es in dem Alter wissen, was Religionsunterricht überhaupt bedeutet?

Warum aber versuchen Eltern einer derartigen Entscheidung aus dem Weg zu gehen? Die Eltern müssten überlegen, ob sie möchten, dass ihr Kind sich mit dem beschäftigt, was Religion eigentlich ist und was sie leistet. Oder eben nicht. Wenn Eltern die generelle Entscheidung einem Kind überlassen, ist das in meinen Augen eine Vernachlässigung der Erziehungspflicht. Und der Religionsunterricht ist dabei nur ein Beispiel von vielen.

Eine Stiefmutter erzählte mir, dass ihr Mann seiner Tochter nicht zumuten wolle, eine Zahnspange zu tragen. Die Tochter fand die Spange nämlich nicht sinnvoll. Auf die Idee, einen zweiten Kiefernorthopäden zu befragen, ob die Spange tatsächlich sinnvoll sei oder nicht, kam er nicht. Das »kieferorthopädische Urteil« seiner elfjährigen Tochter reichte ihm! Eine andere Stiefmutter versuchte ihrem Mann nahezulegen, seiner Tochter nicht uneingeschränkten Zugriff auf die Süßigkeiten zu geben. Das Kind hatte mit neun Jahren schon erhebliches Übergewicht. Die Antwort des Vaters lautete, seine Kleine möge die Schokolade aber doch so gern und sie würde sich mit ihrer Figur auch nicht unwohl fühlen. Außerdem würden Kinder nach dem Hungergefühl entscheiden, und die Pölsterchen seien nur Babyspeck. Mehrere Stiefmütter schilderten mir, dass die leibliche Mutter ihre Kinder entscheiden lässt, ob sie warme Kleidung anziehen wollen, wenn es draußen kalt ist. Somit laufen sechsjährige Mädchen im Winter in Ballerinas und einer Capri-Hose herum, weil die Tänzerinnen in den Musikvideos ähnlich gekleidet sind.

Die Liste könnte ich unendlich fortsetzen. Viele Eltern sind unsicher, trauen sich nicht, eigene Beschlüsse zu fällen, oder »ihr Bauchgefühl« sagt ihnen, das Kind würde »ganz instinktiv« – sprich: richtig – entscheiden. Darum werden Kinder befragt, in Abstimmungsprozesse einbezogen, und selbstverständlich wird ihre Meinung mit der der Erwachsenen gleichgestellt. Außerdem ist es anstrengender, nein zu sagen, als nachzugeben. Kurzfristig jedenfalls.

Etliche zweite Frauen spielen das Spiel anfänglich mit, gehen auf jede Laune, auf jeden Essenswunsch ihres »Beutekinds« ein, weil sie ihm ja nicht schaden möchten. Man möchte ihm keineswegs etwas aufzwingen. Dabei sind sich Pädagogen einig, allen voran der Kinder- und Jugendpsychiater Michael Winterhoff, es würde nicht helfen, die Kinder in Watte zu packen. Sie brauchen Normalität, dann können sie sich mit den neuen Gegebenheiten am ehesten arrangieren. Wird dagegen ständig Rücksicht genommen, könnten sie nicht nach vorne sehen und sich so in einer guten Perspektive entwickelten.

Lehrer, mit denen ich sprach, sagten, Kinder von Eltern, die souverän hinter der Trennung stehen, ohne Schuldzuweisungen mit ihren früheren Partnern umgehen und sich gegenüber ihren Kindern unkompliziert verhalten, ohne dass alles immer auf die »traumatische Trennung« geschoben wird, hätten am wenigsten Probleme. Aber insbesondere viele Väter würden das nicht schaffen. Sie reagieren auf Vorwürfe wie »Du hast mich nicht mehr lieb« oder »Nie tust du etwas für mich«, indem sie den Kindern ständig Geschenke machen und viel zu sehr nachgeben. Aus lauter Angst, ihr Kind ansonsten zu verlieren (was nicht selten von der Ex auch angedroht wird). Damit bestätigen sie aber im Grunde die Unterstellung, sie würden zu wenig tun und zu wenig lieben. Mit der Folge, dass die Kinder an der Liebe des Vaters zu zweifeln beginnen.

Das Phänomen ist bekannt, auch das der sogenannten Helikoptereltern. Außenstehende, Lehrer, Psychologen – alle sehen es, warnen auch. In Diskussionsrunden wird darüber geredet, aber keiner der Teilnehmer muss mit dem Problem leben. Das muss nur eine: die Stiefmutter. Meist sieht sie sehr klar, was passiert. ABER, und das ist wirklich ein großes Aber, in der Regel wird sie es ihrem Mann nicht vermitteln können. Genauso wenig wie die Experten aus den Talkrunden. Die Verwöhn- oder Helikopterväter selbst bestreiten, welche zu sein. Das hat mehrere Gründe. Zum einen haben sie nach dem Scheitern ihrer Ehe beschlossen, die weltbesten Väter zu sein. Und solange sie ihren Kindern jeden Wunsch von den Lippen ablesen, bestätigen die ihnen das auch. Dazu kommt, dass sie den zweiten Frauen auch immer wieder vermitteln, sie hätten das väterliche Verhalten nicht zu kritisieren, sie würden die Erstfamilie nicht kennen. Bestenfalls erkennen sie zwar ihr Verhalten, aber keine Alternative, fühlen sich dann ertappt und reagieren säuerlich. Regelmäßig enden Diskussionen zwischen Stiefmutter und Über-Papa mit Unverständnis und dem Gefühl, bevormundet zu werden.

Eine absurde Geschichte erzählte mir Evelyn, die ich durch meine Recherchen kennenlernte. Sie konnte es kaum ertragen, dass ihr Freund seine fünfjährige Tochter immer die Treppe heruntertrug. Sie sagte: »Wie ein Baby hielt er sie dabei im Arm, das sah einfach grotesk aus. Und die Kleine klammerte sich an ihn, als ob sie jeden Moment herunterfallen würde. Dabei konnte sie allein die Treppe runtergehen. War ihr Vater nicht da, schaffte sie das locker. Aber sobald sie wusste, dass der im

Haus war, schrie sie so lange, bis er kam und sie trug. Sie hatte und hat meinen Freund völlig im Griff.«

Als Evelyn das Thema eines Abends ansprach, schrie die Tochter wie am Spieß und warf sich schluchzend in die Arme ihres Vaters. Der untersagte Evelyn, jemals wieder darüber zu reden. Später, in einer ruhigeren Stunde, erzählte er ihr, er hätte einmal seine Tochter allein die Treppe hinuntergehen lassen, sie stolperte, fiel vor seinen Augen sämtliche Stufen herunter und brach sich ein Bein und einen Arm. Seine damalige Frau überschüttete ihn derart mit Vorwürfen, dass er seither seine Tochter auf der Treppe trägt – als Vorsichtsmaßnahme. Zudem sei es zu einem geliebten Ritual für die beiden geworden. Alle fänden das normal, nur Evelyn anscheinend nicht. Die vermutete, dass die Kleine einfach nur Macht über ihren Vater ausüben wollte. Evelyns Hoffnung ist, dass sich das sehr bald von selbst erledigt und das Ritual an Kraft verliert. Immerhin kommt die Tochter bald zur Schule.

Ulla, eine andere Stiefmutter, berichtete mir, die leibliche Mutter sage den Kindern immer, wie schlecht der Papa sei, dass er nichts zahlen würde, zu viel trinke, Mama betrogen hätte und die Ulla Schuld daran sei. Alles erlogen, aber ihr Mann weigere sich, das den Kindern zu erklären. »Er will sie nicht zusätzlich belasten und ihnen zu verstehen geben, dass Mama lügt. Er meint, es sei schon schwer genug, wenn die Kinder am Wochenende kommen und anfangs völlig verstockt sind. Einerseits verstehe ich ihn, andererseits macht er mir damit das Leben sehr schwer. Ich stehe immer als die Böse da, egal was ich mache oder sage. Dabei habe ich den Kindern nie etwas getan und meinen Mann auch erst nach der Trennung von seiner damaligen Frau kennengelernt.« Ullas Mann versucht, die Kinder mit großzügigen Geschenken von seiner Liebe zu überzeugen, und Pflichten will er ihnen am Besuchswochenende keineswegs auferlegen. »Keines der Kinder kommt auf die Idee, beim Kochen, Aufräumen, Tischdecken oder im Garten zu helfen, die ganze Arbeit bleibt an mir hängen. Mein Mann möchte nicht, dass ihnen dadurch das Wochenende verdorben wird, und die Mutter erzählt ihnen, dass sie bei uns auf keinen Fall mithelfen müssen.«

Wie unterschiedlich auch die Probleme der Stiefmütter sind, gemeinsam mit den Vätern hoffen sie darauf, dass die Kinder erwachsen werden und dann eine Art Wunder geschieht. Dergestalt, dass die Kinder, wenn sie achtzehn werden, erkennen, dass Papa und die Next gar nicht so böse sind, wie die Mutter immer behauptet hat, dann reumütig mit einem Blumenstrauß in der Hand an der Haustür klingeln und Abbitte für ihr Monsterverhalten der letzten Jahre leisten. Und selbstverständlich kommen in dieser Fantasie die Kinder dann auch pünktlich zum achtzehnten Geburtstag auf die Idee, selbst Verantwortung für ihr Leben zu übernehmen. Dieser Glaube ist seltsamerweise weit verbreitet, fast alle Stiefmütter mit minderjährigen Problem-Stiefkindern hoffen auf die Volljährigkeit als eine Art Lösung allen Übels.

Dabei entbehrt dieser Glaube jeglicher Grundlage. Da brauche ich nicht nur meine Erfahrungen mit den eigenen Stiefkindern anzuführen, ein Blick in die Welt reicht, um zu erkennen, dass Kinder bis ins hohe Alter von der erfahrenen Erziehung beeinflusst sind. Eine Freundin von mir ist sehr schlank. Sie trägt Kleidergröße 36 und hat eine Wespentaille. Aber wenn sie sich selbst einschätzen soll, redet sie von sich als mollig. Warum? Diese Freundin steht im Leben, ist beruflich erfolgreich, eine

Mathematikerin, die die Welt berechnet. Eigentlich könnte sie sich ausrechnen, dass sie mit sechsundfünfzig Kilo bei einer Größe von einem Meter neunundsechzig schlank ist. Tut sie aber nicht. Ihre Mutter hat ihr als Kind nämlich immer eingeredet, sie sei zu dick. Dieses Bild trägt sie seither im Kopf. Weder am achtzehnten Geburtstag noch am dreißigsten oder fünfundvierzigsten Geburtstag hat sie dieses Bild abgelegt.

Für die Generation Anspruch wiederum ist es völlig normal und selbstverständlich, dass alle auf ihre Forderungen eingehen. Dafür muss es nicht einmal ein Bitteschön oder Dankeschön geben. Warum sollte sich das in einer magischen Über-Nacht-Verwandlung am achtzehnten Geburtstag ändern? Kinder, bei denen man immer nachgegeben hat, wenn es um ihre Wünsche ging, und denen ein Anspruchsdenken geradezu antrainiert wurde, können nicht auf einmal zu bescheidenen Menschen werden. In allen Geschichten die ich hörte, ging die Forderungsspirale nur aufwärts, nie abwärts.

Die Geschichte von Sandra und Robert: Die Prinzessin und der vorgetäuschte Selbstmord

Sandra, achtunddreißig, ist kurz davor, ihre Ehe hinzuschmeißen. Sie ist seit acht Jahren mit dem acht Jahre älteren Robert verheiratet, seine Tochter war fünf, als er und seine erste Frau sich trennten. Heute ist sie sechzehn und eine Diva. »Sie macht keinen Handschlag im Haushalt, verlässt das Bad nach drei Stunden, das dann aussieht, als hätte dort eine Handgranate eingeschlagen. Mit mir redet sie nicht mehr – nur in der dritten

Person über ihren Vater. Wenn wir am Tisch sitzen sagt sie: ›Papi, würdest du deine Frau bitten, mich morgen ausschlafen zu lassen? Sie macht doch immer so viel Krach beim Staubsaugen.‹«

Als Sandra mir ihre Geschichte erzählte, war ich an manchen Stellen kurz davor zu lachen. Aber je länger wir sprachen, desto klarer wurde mir ihr existenzielles Problem. Robert hört nicht einmal die Beleidigung, die sich in einem Satz wie dem übers Staubsaugen verbirgt. Er nimmt nur wahr, dass Sandra seine Tochter absichtlich mit unnötigem Lärm ärgert.

Robert und seine Exfrau kämpften bei der Scheidung jeweils um das alleinige Sorgerecht. Letztlich lebte die Tochter aber bei der Mutter, wobei sich die Eltern das Sorgerecht teilten. Fortan wurde um das Mädchen gebuhlt. Mit allen Mitteln. Bei der Mutter musste sie nichts machen, nichts selbst erledigen, also konnte ihr der Vater diese Aufgabe auch nicht zumuten. Die Mutter schenkte ihr einen Hund, der Vater zog mit einem Pferd nach. Sandra wusste um die Folgen dieser Verwöhnung, aber sie war außerstande, Robert davon abzubringen. Der tat ja alles nur aus Liebe zu seiner Tochter.

»Seine Tochter hat mich dann immer mehr behandelt wie ein lästiges Insekt. Sie war auch sehr gut darin, mir die Schuld in die Schuhe zu schieben, wenn sie etwas angestellt hatte. Sie hat sich ziemlich schnell weder um das Pferd noch um den Hund gekümmert. Stattdessen hat sie sich bei einer Tanzformation angemeldet. Als ihr Vater sagte, er hätte ihr das Pferd nicht gekauft, damit es im Stall herumstehe, weinte sie nur und meinte schluchzend: ›Ich kann nicht mehr zu dem Pferd gehen, weil deine Frau es mir nicht gönnt. Ich bin so gehemmt, so traumatisiert, ich kann das Pferd nicht einmal mehr anfassen.‹« Das war übrigens die Stelle, an der ich gelacht habe – ich hielt das für einen Witz, einen Teenager-Trick. Aber nicht so Robert. Der machte Sandra Vorwürfe, sie hätte seiner Tochter die Freude am Pferd verdorben, künftig solle sie sich bitte zurückhalten.

Als die Tochter vor einem Jahr beschloss, zum Vater zu ziehen, war Sandra wenig begeistert. Es war nicht das erste Mal. Vor zwei Jahren lebte die Tochter schon einmal bei ihrem Vater, allerdings nur drei Monate, dann ging sie zurück zur Mutter, die mittlerweile das Kinderzimmer so umgebaut hatte, wie sie es wollte. »Mein Mann war damals wie vor den Kopf geschlagen, als seine Tochter ihn wieder verließ. Für ihn war das wie eine verlorene Schlacht. Umso glücklicher war er, als sie dann zurückkehrte.« Wobei weder der erste noch der zweite Einzug der Tochter mit Sandra besprochen wurde. »Für meinen Mann war es selbstverständlich, dass sie bei uns wohnen kann. Der kam nicht einmal auf die Idee, mich zu fragen. Dabei war ich ziemlich erleichtert, als sie nach den drei Monaten erneut ihre Mutter bevorzugte.«

Pubertätsbedingt gab es nach dem zweiten Einzug unweigerlich Reibungen. »Sie spielt uns gegeneinander aus«, sagt Sandra. »Mit billigen Tricks, aber mein Mann fällt darauf herein. Er denkt immer noch, seine Tochter sei das kleine Mädchen, das er vor der bösen Welt beschützen müsse. Auch wenn die böse Welt seine eigene Frau ist.« Bereits kurz nach ihrem Einzug teilte die Tochter Sandra mit, Roberts Haus sähe sie als das ihre an, sie würde Sandra dulden, aber nur dann, wenn die genau das machen würde, was sie, Roberts Tochter, von ihr verlange. Anfangs nahm Sandra diese Ansage nicht ernst. Ein Fehler. »Nach den billigen Tricks folgten die Psychotricks, bei denen ich selbst nicht mehr wusste, was Sache war.«

Sandra war auf dem Rückflug einer Geschäftsreise, Robert wollte sie am Flughafen abholen. Ihre Maschine hatte jedoch drei Stunden Verspätung, das teilte sie ihrem Mann nun auf dem Anrufbeantworter mit. Nur kam die Nachricht nie bei Robert an. Er war ziemlich wütend, nachdem er drei Stunden wartend am Flughafen zugebracht hatte. »Erst war ich irritiert, dachte, es sei etwas technisch schiefgegangen. Aber solche Vorfälle gab es danach noch häufiger. Ich schrieb Zettel, hinterließ Botschaften, nichts erreichte ihn. Irgendwann wurde mir klar, dass meine Stieftochter die Nachrichten systematisch vernichtete. Freundlich versuchte ich mit ihr zu reden, sagte ihr, wir könnten bestimmt einen Weg finden, friedlich miteinander zu leben. Ich gab mir wirklich Mühe, ihr keine Vorwürfe zu machen. Aber sie lächelte nur und meinte, sie wisse überhaupt nicht, wovon ich reden würde. Alles perlte an ihr ab. Als ich meinem Mann von meinem Verdacht erzählte, warf er mir vor, seine Tochter für meine angebliche Unzuverlässigkeit verantwortlich zu machen.«

Ganz schlimm wurde es für Sandra, als die Tochter nach einem Streit Schlaftabletten schluckte. »Sie hatte nur drei Tabletten genommen, viel zu wenig für einen echten Selbstmord. Sie hatte aber eine Menge inszeniert, die restlichen Tabletten in ihrem Zimmer verstreut, die leere Schachtel auf den Schreibtisch drapiert. Dazu ein dramatischer Abschiedsbrief, ich hätte sie in das Elend gedrängt und sie wolle unserem Eheglück nicht länger im Weg stehen.« Per SMS informierte die Tochter ihren Vater, Sandra war zu diesem Zeitpunkt erneut auf einer Geschäftsreise. Robert eilte heim, »rettete« seine Tochter. Seither ist die Situation für Sandra unerträglich. »Ich muss nur fragen, ob sie die Hausaufgaben gemacht hat, schon schaut mich Robert strafend an und sagt, ich solle seine Tochter nicht unter Druck setzen. Die wirft mir dann einen triumphierenden Blick zu, den er aber nicht sieht.« Sandra ist sich im Nachhinein sicher, es sei ein riesiger Fehler von ihr gewesen, sich anfangs herausgehalten zu haben. »Die Tochter hat ständig ihrem Vater etwas vorgejammert, ich nicht. Ich dachte, das sei unter meinem Niveau. Aber jetzt ist die Situation aussichtslos, die Fronten haben sich verhärtet. Er denkt, ich will seiner Tochter schaden. Aus diesem Grund nimmt er sie vor mir in Schutz.«

Ist das noch eine Stieftochter oder nicht eher ein Stiefmonster? Doch wer hat die Tochter in so eine furchtbare Rolle gedrängt? Sandra, die »böse Stiefmutter«? Oder Robert und seine erste Frau, als sie um die Zuneigung der gemeinsamen Tochter buhlten und versuchten sich gegenseitig zu überbieten? Sandra denkt über eine Scheidung nach, auch wenn sie Robert noch immer liebt. »Er ist ein wunderbarer Mann. Bis auf die Situation mit seiner Tochter klappt alles wunderbar zwischen uns. Aber sie wird langsam so unerträglich, dass ich nicht mehr kann. Und ein Auszug ist nicht in Sicht. Sie will auch während ihres Studiums bei ihrem Vater wohnen bleiben.«

→ **Tipp für Stiefmütter**

Haben Sie es mit solch einem Stiefmonster – Entschuldigung, Stiefkind – zu tun, können Sie Ihrem Partner die Situation nur aus Ihrer Sicht darstellen. Fragen Sie ihn, wie er sich fühlen würde, wenn er der Stiefvater dieses Kindes wäre und so behandelt werden würde. Und zwischendurch hilft es, wenn Sie sich sagen: »Dieses Verhalten meines Partners ist keine Bosheit mir gegenüber.«

Die Geschichte von Hiltrud und Marvin:
»Für seine Tochter bin ich Personal«

Als die heute vierzigjährige Hiltrud ihren fünf Jahre älteren Freund Marvin vor sechs Jahren kennenlernte, wohnte seine elfjährige Tochter bei ihm, seine damalige Frau hatte die beiden verlassen. Marvin ist Rechtsanwalt, er besitzt ein großes Haus. Hiltrud hat einen Sohn, fast im gleichen Alter wie Marvins Tochter. »Anfangs lief alles prima. Ich blieb aber nie über Nacht bei Marvin und auch er nicht bei mir, der Grund waren unsere Kinder. Irgendwann überlegten wir, zusammenzuziehen.« Hiltruds Wohnung war sehr klein, also war schnell klar, dass sie und ihr Sohn bei Marvin einziehen würden. Trotz der Größe seines Hauses gestaltete sich das nicht einfach. Seine Tochter belegte zwei Zimmer im ersten Stock, daneben befand sich das Schlafzimmer des Vaters. Eine naheliegende Lösung wäre gewesen, dass eines ihrer Zimmer Hiltruds Sohn bekommen würde. Das wollte der Vater seiner Tochter aber nicht zumuten. Hiltrud: »Die Tochter schlug allen Ernstes vor, mein Sohn könne im Keller schlafen, da wäre eine Rumpelkammer, in die man einen Teppich legen könne.«

Hiltrud und Marvin diskutierten lange über das Zimmerproblem, fanden aber keine Lösung. Die zwei Zimmer der Tochter, insgesamt über sechzig Quadratmeter, waren unantastbar. Und da Marvin eine große Familie hatte, die oft zu Besuch kam, wurde auch das Gästezimmer benötigt. Von seinem Büro, in dem er auch mal am Wochenende Mandanten beriet, konnte er sich auch nicht trennen. Mit der Folge, dass Hiltrud und Marvin noch immer nicht richtig zusammenwohnen. Hiltrud lebt wochentags in ihrer eigenen Wohnung, nur am Wochenende ist sie bei Marvin, ihr Sohn schläft dann im Gästezimmer oder bleibt allein zu Hause. »Glücklich bin ich mit dieser Regelung aber nicht. Ich mache Marvin und mir morgens immer ein Frühstück im Bett. Als seine Tochter das herausfand, verlangte sie, zukünftig auch so etwas von mir serviert zu bekommen. Als ich ihr sagte, sie sei alt genug, sich ihr Frühstück selbst zuzubereiten, rebellierte sie. Sie kennt keine Grenzen. Ihr Vater erfüllt ihr jeden Wunsch, und ein Nein empfindet sie als tätlichen Angriff. Sie zelebriert dann einen Aufstand, als ginge es um ihr Leben. Wie ein Kleinkind an der Supermarktkasse.« Marvin schlug dann vor, Hiltrud solle doch allen das Frühstück ans Bett bringen, ihm, seiner Tochter und auch ihrem Sohn. Aschenputtel lässt grüßen.

Mit vielen der Frauen, die ich interviewte, telefonierte ich oder skypte. Einige besuchte ich sogar, doch immer auf deren Wunsch. Sie wollten, dass ich ihr Umfeld mit eigenen Augen sah, so war es auch bei Hiltrud gewesen. An einem Wochenende verabredeten wir uns in Marvins Haus. Weder er noch seine Tochter ahnten, weshalb ich dort war.

Hiltrud öffnete mir die Tür und führte mich zu einem gedeckten Tisch im Wohnbereich. Marvin kam später dazu, sie kochte ihm einen frischen Kaffee und servierte ihm Gebäck. Marvin rührte sich nicht von seinem Platz, bis seine Tochter das Zimmer betrat. Sofort sprang er auf und rückte ihr den Stuhl zurecht, als sie sich zu uns setzen wollte. Weil sie den Kaffee nicht mochte, kochte er ihr einen Tee und forderte Hiltrud auf, in die Vorratskammer zu gehen, um anderes Gebäck zu holen, das seine Tochter lieber essen würde. Nach fünf Minuten war mir klar, dass sich in diesem Haus alles um die Bedürfnisbefriedigung einer Siebzehnjährigen drehte.

Als wir später wieder allein waren, fragte ich Hiltrud, warum sie das alles mitmache. Sie schluckte, dann meinte sie, es sei richtig schön mit Marvin, wenn die Tochter nicht in der Nähe wäre. Dann würde er sie verwöhnen, sie auf Händen tragen. Sie wären ein Team, ein echtes Paar. Aber sobald die Tochter aufkreuze, behandle er sie tatsächlich wie eine Dienstmagd. Und aus welchem Grund? Hiltrud antwortete, er wolle seiner Tochter nicht zumuten, dass er für eine andere Frau Gefühle hege. Sie hätte doch so unter dem Auszug der Mutter gelitten und sei ihm all die Jahre, die er vorher mit ihr allein im Haus gelebt hätte, eine Partnerin gewesen.

Ich fand das etwas irritierend, immerhin war die Mutter seit zwölf Jahren fort und Hiltrud seit sechs Jahren Marvins Lebensgefährtin. Nun gut. Danach sprach ich das Thema Hochzeit an. Hiltrud meinte, das könne er seiner Tochter ebenfalls nicht zumuten, auch keine gemeinsamen Kinder. Jetzt habe sie die Hoffnung, dass die Tochter bald ausziehen und in einer anderen Stadt studieren würde. Dann hätte sie ein traumhaftes Leben mit Marvin. Als ich sie fragte, ob die Tochter denn überhaupt ausziehen wolle, es gäbe in unmittelbarer Umgebung doch etliche Universitäten, liefen ihr die Tränen runter. Natürlich war das ihre größte Angst.

Marvin schien Hiltrud zu lieben, das war zu merken gewesen, als die Tochter noch nicht den Raum betreten hatte. Obwohl er ein erfolgreicher Rechtsanwalt war und gewohnt, Streitigkeiten auszutragen und auch zu ertragen, hatte er privat Angst vor einem Konflikt mit seiner Tochter. Es gelang ihm nicht, sie auf den Platz zu stellen, der ihr gebührte – den Platz des Kindes, das sich der Liebe seines Vaters sicher sein konnte. Kein Kind sollte als Partner oder gar als Bestimmer betrachtet werden.

Da Marvin das nicht gelang, nutzte sie ihn aus, forderte immer mehr von ihm. Doch sie dankte es ihrem Vater genauso wenig wie andere verwöhnte Teenager, sondern sah in jedem Geschenk und jedem Entgegenkommen nur die Basis für weitere Forderungen.

Als Marvin Hiltrud zum vierzigsten Geburtstag einen teuren Ring schenkte, jammerte seine Tochter so lange, bis sie ein Auto bekam. Obwohl sie noch nicht einmal einen Führerschein hatte. Ich überlegte: Wie soll dieses Mädchen einmal etwas Eigenes auf die Beine stellen, eigene Erfolgserlebnisse haben, das Gefühl, selbst etwas geschafft zu haben? Bisher hatte sie nur gelernt, ihren Vater so zu manipulieren, dass er ihren Wünschen und Forderungen nachgab. In diesem Haus gab es für mich nur Verlierer.

→ **Tipp für Stiefmütter**

Sie empfinden Ihre Stiefkinder gerade als Konkurrenz? Sie schicken sie manchmal in Gedanken auf den Mond? Das ist völlig in Ordnung. Stehen Sie zu Ihren Gefühlen. Wenn Sie Ihre Emotionen immer unterdrücken, lassen Sie zu, dass man Sie unterdrückt.

Irgendwann erzählte mir eine der Stiefmütter von ihren Befürchtungen, nach dem Tod ihres Mannes könne es einen Erbschaftsprozess geben. Die Idee war in meinen Augen nicht abwegig, und ich begann zu recherchieren. Ich wollte wissen, was passieren kann, wenn die Spirale ganz oben angelangt ist.

Die Geschichte von Gisela und Manfred:
Nach dem Tod ihres Mannes forderten die Stiefkinder alles

Als Gisela und Manfred sich begegneten, waren sie bereits in einem Alter, das man »gesetzt« nennt. Gisela war sechsundfünfzig, Manfred zweiundsechzig. Manfreds erste Frau war zehn Jahre zuvor an Krebs gestorben. Seine beiden Kinder waren längst erwachsen, berufstätig, sie verdienten gut, hatten eigene Familien und wohnten nicht in der Nähe. Nach zwei Jahren heirateten Gisela und Manfred, Gisela verkaufte ihr Haus und zog in Manfreds Villa ein. »Ich wusste, dass er mit seiner verstorbenen Frau ein Berliner Testament gemacht hatte, aber Manfred war vierundsechzig, als wir heirateten und kerngesund. Der Tod schien weit entfernt zu sein. Wir planten ein langes gemeinsames Leben.«

Bei einem Berliner Testament können sich die Eheleute gegenseitig als alleinigen Vorerben einsetzen und damit die gesetzliche Erbfolge, die 50 Prozent des Erbes dem Ehepartner und 50 Prozent den Kindern zuspricht, zunächst umgehen. Die Kinder erben erst dann, wenn auch der andere Ehepartner stirbt. Heiratet der überlebende Partner neu, steht dem zweiten Ehepartner beim Tod nur ein Pflichtteil zu.

Gisela steckte einen großen Teil des Geldes, das sie aus dem Verkauf ihres Hauses erhalten hatte, in Umbauten der Villa. »Mir gefielen die Küche und die Badezimmer nicht. Auch die Auslegware musste ersetzt werden. Und der Wintergarten war zugig und konnte nicht genutzt werden. Für mich war es selbstverständlich, dass ich die Erneuerungen bezahlte, schließlich waren sie von mir gewünscht.« Über 100 000 Euro kostete die Luxussanierung.

Weihnachten erschienen seine Kinder und freuten sich über die Verschönerung der Villa. Im Laufe der Ehe machte Manfred seiner zweiten Frau Gisela teure Geschenke, eine Rolex-Uhr zum Hochzeitstag, Diamantschmuck zum Geburtstag und zu Weihnachten. Sie revanchierte sich mit kostspieligen Uhren, die sie von ihrem Geld bezahlte; finanziell ging es den beiden gut. Manfred hatte eine Lebensversicherung ausgezahlt bekommen und gut angelegt. Außerdem hatte er in den letzten fünf Jahren profitable Geschäfte mit Aktien gemacht und sein Vermögen nach dem Tod seiner Frau nahezu verdoppelt.

»Wir hatten ein gutes Leben, und mit seinen Kindern hatte ich ein fantastisches Verhältnis. Wir haben telefoniert, uns gegenseitig besucht. Manfred war ihnen gegenüber immer sehr großzügig, jeden ihrer Wünsche hat er erfüllt. Auch als sie schon erwachsen waren. Mich hat das nie gestört, es war ja sein Geld. Ich habe dann für die Enkelkinder Geschenke eingekauft. Alles war traumhaft.«

Der Traum dauerte sechs Jahre, dann erkrankte Manfred an Krebs; nach sechs Monaten starb er. Plötzlich wurde alles anders. »Mit seinen Kindern habe ich noch gemeinsam am Krankenbett gesessen und geweint. Aber noch bevor es einen Termin für die Beerdigung gab, erhielt ich das erste Schreiben von einem Anwalt. Die Kinder stellten ihre Forderungen.«

Keineswegs war Gisela blind in die Falle »Berliner Testament« getappt. Mit Manfred und seinen Kindern war alles besprochen worden. Die beiden wussten, dass Gisela viel von ihrem eigenen Geld in das Haus investiert hatte. Ihr wurde im Grundbuch dafür auch ein Wohnrecht auf Lebenszeit eingetragen. Manfred hatte bei einer Bank ein Konto auf ihren Namen eingerichtet, auf das er eine größere Summe eingezahlt hatte, die bei seinem

Tode ihr gehören sollte. Seinen Kindern hatte er erklärt, es handele sich hierbei um Geld, das er erst nach dem Tod seiner ersten Frau verdient hätte. Es würde ihr Erbe also nicht beeinflussen. Auch bei der Bank hatte er ein Schreiben hinterlegt, darin hieß es, dieses Geld sei allein das von Gisela. »Ein neues Testament hatte Manfred nicht machen können, er war ja lebenslang an das Berliner Testament gebunden. Aber darin sah ich kein Problem, ich wollte den Kindern doch nichts wegnehmen. Außerdem hatten wir alles genau mit ihnen ausgemacht. Nie wäre ich auf die Idee gekommen, was dann passierte.«

Manfreds Kinder hatten den Rechtsanwalt wohl schon während des Krankenhausaufenthalts ihres Vaters aufgesucht. Am eingetragenen Wohnrecht konnten sie nicht rütteln, aber der Anwalt gab ihnen zu verstehen, dass es bei einer 400-Quadratmeter-Villa durchaus möglich sei, Untermieter in das Haus zu setzen. Drei Tage nach Manfreds Tod teilten sie Gisela dann mit, dass sie gern weiterhin dort wohnen bleiben könne, man jedoch das große Haus an andere vermieten wolle. Da es keine abgetrennten Wohnbereiche gäbe, würde man daher die Zimmer einzeln an Saisonarbeiter vermieten. Es stünde ihr aber frei, auf ihr Wohnrecht zu verzichten und auszuziehen. Gisela war wie vor den Kopf geschlagen. Ihr blieb keine Zeit zu trauern, sie musste sich sofort um rechtliche Dinge kümmern.

Die Drohung mit den Untermietern war aber nicht der einzige Schritt, den die Kinder unternahmen. In Manfreds Unterlagen hatten sie sämtliche Quittungen für die Geschenke an Gisela gefunden, darunter ein Auto. Sie verlangten von ihr die Rückgabe der Geschenke beziehungsweise die Auszahlung dieser in Form von Geld. Laut dem Berliner Testament sei das Teil ihres Vermögens. »Das Ganze kam mir wie ein Albtraum vor.

Ich stamme aus einer Generation, in der es normal war, dass sich der Mann um alles kümmerte. Durch den Tod meines Mannes wurde mir der Boden unter den Füßen weggerissen, und dann musste ich noch erleben, wie meine finanzielle Situation zusammenbrach.« Zwei Monate nach Manfreds Tod zog Gisela in eine Mietwohnung. Das Geld, das ihr Mann auf dem Bankkonto für sie hinterlegt hatte, wurde ihr, genauso wie sämtliche Geschenke, von ihrem Pflichtteil abgezogen.

»Mein Anwalt erklärte mir, dass alles, was ich meinem Mann geschenkt hatte, freiwillige Leistungen gewesen seien, ebenso die Finanzierung des Umbaus. Was jedoch Manfred mir gab, sei alles eine Vorauszahlung des Erbes gewesen. Irgendwann hörte ich ihm gar nicht mehr zu. Mit fünfundsechzig fing ich bei null an. Ich hatte nicht nur meinen Mann und meine Existenz verloren, sondern auch meinen Glauben an das Gute im Menschen. Ich wusste, dass seine Kinder sehr materiell eingestellt waren, aber dass sie so gegen den erklärten Willen ihres Vaters und gegen alle Absprachen handelten, hat mich schockiert. Ich hätte prozessieren können, aber das hätte mich noch mehr Lebenskraft gekostet. Ich wollte nach vorn schauen. Also sagte ich mir, sollen sie doch mit ihrem Erbe glücklich werden, und verzichtete auf eine Klage. Die Villa zu verlassen, das war für mich der beste Weg. Ich begann ein neues Leben, und Dank einer guten Rente geht es mir heute wieder gut. Von seinen Kindern habe ich nie etwas gehört.«

Gisela lebt – fünf Jahre nach dem Tod von Manfred – erneut in einer Beziehung, und wie es das Schicksal will, abermals mit einem Witwer, der mit seiner verstorbenen Frau ein Berliner Testament hatte. »Ich konnte es kaum glauben, als er mir davon erzählte. Aber heute bin ich gewarnt. Da es sich nicht einmal um seine eigenen Kinder, sondern um die seiner Frau aus erster Ehe handelt, also seine Stiefkinder, gehe ich davon aus, dass die noch erbarmungsloser ihre Rechte durchsetzen werden, als meine Stiefkinder es gemacht haben. Mein jetziger Partner hat von diesen Kindern nach dem Tod seiner Frau auch nie wieder etwas gehört.«

Dr. Michael Greulich ist Fachanwalt für Familienrecht in Berlin, 1990 gründete er die Kanzlei »Köpenicker Rechtsanwälte«, er gehört der Arbeitsgemeinschaft Familienrecht des Deutschen Anwaltvereins (DAV) an und kennt die Tücken des Berliner Testaments recht gut. Ich schilderte ihm in einem Telefonat Giselas Fall, daraufhin sagte er: »So etwas passiert leider häufig. Immer wieder mache ich die Erfahrung, dass das Erben ganze Familien zerstören kann, auch solche, die vorher gut funktioniert haben. Und bei einer Wiederheirat nach einem Berliner Testament kommt erschwerend hinzu, dass eine neue Person plötzlich teilweise erbberechtigt ist. Das passt den Kindern nicht immer. Wenn dann der Partner, der zuvor Erbe eines Berliner Testaments war, auch noch schlecht beratene letzte Willensverfügungen macht, wird es besonders schwierig. Die sind nämlich fast immer auslegungsfähig.«

»Auslegungsfähig« heißt bei einem Juristen nichts anderes als anfechtbar, diese Willensverfügungen haben am Ende vor Gericht keinen Bestand. »Oft werden dann gut gemeinte Überlegungen des Erblassers von seinen Erben konterkariert. Was manchmal als Willensäußerung geschrieben wird, in dem festen Glauben, es sei richtig, bewirkt oft das genaue Gegenteil. Das ist ein wirklich schwieriges und gefährliches Thema. Ich würde tatsächlich keiner Frau raten, einen Witwer zu heiraten, der mit seiner verstorbenen Frau ein Berliner Testament hatte, ohne vorher einen Beratungstermin beim Anwalt zu machen.« Laut Dr. Greulich hätte sich Gisela niemals auf das – wie er sagt – »Abenteuer« einlassen dürfen, in ein Haus zu investieren, das nicht ihr gehört. Nur aus dem Glauben heraus, dass Manfred und sie noch ein langes gemeinsames Leben vor sich haben. Jeder Anwalt hätte ihr davon abgeraten.

Was für ein Zwiespalt. Da wünscht sich eine Frau einen Umbau, ist auch in der Lage, ihn zu finanzieren, sollte das aber keinesfalls tun. Und wenn sie ihrem Mann den dazugehörigen Hintergrund erklären will, müsste sie ihm sagen, dass sie befürchtet, seine Kinder würden sie im Falle seines Todes abzocken. Kein guter Start für eine Ehe. Als erstes kläre ich meinen zukünftigen Ehemann darüber auf, dass ich es für möglich halte, dass seine Kinder nach seinem Tod zu Teufelsbraten mutieren. »Genau das ist das Problem«, sagt Dr. Greulich. »Die Menschen heiraten aus Liebe, aber gehen aus Sorge zum Anwalt. Manchmal sollte man eben auch aus Liebe zum Anwalt gehen. In Giselas Fall ist das natürlich besonders bitter. Aber dass Schenkungen mit dem Pflichtteil verrechnet werden, ist nicht abwegig. Es kommt immer darauf an, wie sich die jeweiligen Erben verhalten. Die Kinder hätten der Frau die Geschenke auch lassen können. Aber verlassen kann man sich darauf natürlich nicht. Das zählt dann wohl zum Lebensrisiko.«

Kaum eine Stiefmutter macht sich heute Gedanken darüber, was geschehen könnte, wenn ihr Mann stirbt. Aber das sollte sie. Sie sollte sich genau überlegen, ob sie Geld in ein Haus investiert, das auf seinen Namen läuft. Oder ob sie für Kredite bürgt, die sie vielleicht abzahlen muss, obwohl ihr Tun am Ende den Stiefkindern zugutekommt. Auch sollte sich jede zukünftige Stiefmutter überlegen, ob sie überhaupt in das Haus oder die Eigentumswohnung ihres Freundes zieht. Die Chance, dass sich die Stiefkinder nach dem Tod des Vaters großzügig zeigen, ist eher gering. Und sind die Kinder dann noch minderjährig, wird die Ex, die Vormund der Kinder ist, wahrscheinlich sehr schnell versuchen, die zweite Frau auf die Straße zu setzen. Auch junge Stiefmütter sollten aufmerksam sein. Der Tod macht vor keinem Alter Halt, aber kaum ein Paar beschäftigt sich mit dieser Möglichkeit. Und vor allem nicht mit den Auswirkungen.

Die Geschichte von Anna und Bernhard:
»Sein Sohn hat mich auf die Straße gesetzt«

Anna war Anfang, Bernhard Ende dreißig, als sie zusammenzogen. Heirat war für die beiden kein Thema. Bernhard war geschieden und wollte diesen »Fehler«, wie er sagte, nicht wiederholen. Viele Jahre lebten die zwei gemeinsam in seiner Eigentumswohnung. »Ich habe mir über unsere Form des Zusammenlebens nie Gedanken gemacht, das war vielleicht sehr blauäugig von mir. Aber irgendwie habe ich mich nur damit beschäftigt, wie es ist, wenn wir uns trennen sollten. Bei Eintritt eines solchen Falls wäre es für mich selbstverständlich gewesen, aus der Wohnung auszuziehen und mir eine neue Bleibe zu suchen. Der Tod kam in meinen Überlegungen nie vor.«

Bernhard war geschieden und hatte einen Sohn aus seiner Ehe. »Zwischen Vater und Sohn gab es kaum noch eine

Beziehung, und wenn sie sich sahen, ging es oft nur ums Geld.« Bernhard und die Mutter des Kindes hatten sich getrennt, als der Sohn zwölf war. »Seither wurde immer mehr gefordert. Erst von der Mutter, später auch vom Sohn. Bernhard zahlte viel, auch überschrieb er der Mutter damals das Haus, in dem sie vorher zu dritt gelebt hatten, damit sie mit dem Sohn im gewohnten Umfeld bleiben konnte. Als der studieren wollte, finanzierte ihm der Vater eine Ausbildung in den USA. Das war zwar unglaublich teuer und nur durch einen Kredit zu finanzieren, aber Bernhard wollte, dass seinem Sohn alle Chancen offen stehen.«

Trotz der hohen Ausgaben für seinen Sohn war das Verhältnis zum Vater lange Zeit nicht gut. »Einige Jahre wollte der Sohn gar keinen Kontakt zu ihm. Das hat Bernhard tief getroffen. Ich lernte, dass diese Kontaktverweigerung zwischen Kindern und Eltern häufiger nach Trennungen beziehungsweise Scheidungen auftritt. Dieses Phänomen nennt sich PAS – Parental Alienation Syndrome, auf Deutsch: EKE – Eltern-Kind-Entfremdung, ich habe viel darüber gelesen. Bernhards Ex hat immer so schlecht über ihren ehemaligen Mann geredet und alles darangesetzt, den Umgang zwischen Vater und Sohn mit allen möglichen Mitteln zu verhindern, dass der Sohn ihn irgendwann nicht mehr sehen wollte. Ich denke, dass der Junge in einem echten Loyalitätskonflikt stand. Zeitweise hat er seinen Vater regelrecht gehasst, ohne dass es einen Grund dafür gegeben hätte. Später stellte er dann Bedingungen, wollte Bernhard nur treffen, wenn es dafür eine Gegenleistung gab. Ein Treffen kostete dann schon mal die Führerscheinstunden. Dann gab es gar keine Treffen mehr, weil Bernhard sich irgendwann weigerte, ihm immer wieder Geld zu geben.«

Anne war bereits drei Jahre mit Bernhard zusammen, als sie seinen Sohn das erste Mal traf. Sie gab sich viel Mühe mit dem Jungen, da es ihr wichtig erschien, dass Vater und Sohn wieder ein besseres Verhältnis hatten. Über Jahre versuchte sie dann immer wieder, die Verbindung der beiden zu verbessern. »Irgendwann ging es dann, Vater und Sohn haben wenigstens hin und wieder miteinander telefoniert. Aber alles verlief sehr oberflächlich. Und meist war die Annäherung wieder mit teuren Geschenken verknüpft.«

Eines Morgens fand Anne ihren Lebensgefährten im Bad am Boden liegen, er hatte beim Zähneputzen einen Schlaganfall erlitten. Im Krankenhaus sagte man ihr, der Zustand sei sehr kritisch. »Ich rief also seinen Sohn an, teilte ihm mit, sein Vater würde wohl im Sterben liegen, er solle sich beeilen, wenn er ihn noch sehen wolle.« Der Sohn kam auch, blieb ungefähr fünf Minuten beim Vater und sprach anschließend mit den Ärzten über die Aussichten. Als Bernhard drei Tage später starb, hatte der Sohn mit einem Anwalt bereits alle Formalitäten geklärt. Bernhard hatte kein Testament hinterlassen. Anne wurde zwei Tage nach seinem Tod der Wohnung verwiesen. »Ich hatte keinen Mietvertrag, der Sohn war der rechtmäßige Alleinerbe, und er gab mir genau eine Stunde, um unter seiner Aufsicht meine Koffer zu packen. Ich war wie vor den Kopf geschlagen. Ich hatte nicht nur gerade meinen Partner verloren, sondern auch alles, was ich besaß.«

Bernhards Sohn verlangte Kaufnachweise für alles, was Anne mitnehmen wollte. »Ich sollte ihm beweisen, dass die Waschmaschine mir gehörte, der Fernseher, der Trockner. Auch mein Geschirr und mein Silberbesteck wollte er mir nur gegen einen entsprechenden Beleg aushändigen. Er erklärte mir, dass sich alle Sachen in der Wohnung seines Vaters befänden und damit per Gesetz seinem Vater beziehungsweise ihm als Erben gehörten. Falls ich allerdings belegen könnte, dass ich etwas gekauft hätte, würde er mir das selbstverständlich herausgeben.« Anne zog erst einmal bei einer guten Freundin ein, deren Mann zum Glück Anwalt war. Mit seiner Hilfe und dank ihrer Steuerberaterin, die sämtliche Konto- und Kaufbelege der letzten zehn Jahre aufbewahrt hatte, konnte sie einiges von ihrem Eigentum wiederbekommen.

»Ich hatte nicht für alles Quittungen, aber ich konnte für etliche Stücke Zeugenaussagen oder Fotos vorlegen, die bestätigten, dass ich sie schon vor dem Kennenlernen von Bernhard besaß. Aber das alles kostete ungeheuer viel Kraft. Nach einem Jahr, als die gröbsten rechtlichen Dinge erledigt waren, stellte ich fest, dass ich nach den ersten beiden Tagen der Trauer nie wieder geweint hatte. Der Sohn hatte mir nicht nur einen großen Teil meines Eigentums gestohlen, er hat mir auch die Trauer um Bernhard genommen. Das werde ich ihm nie verzeihen. Ich wünsche keinem Menschen Böses, aber dieser Mensch soll in der Hölle schmoren.«

→ **Tipp einer Stiefmutter**

»Ich zog zu meinem Freund in sein Haus und gab meine Wohnung auf. Aber nicht ohne Absicherung, denn mir war immer klar, dass seine Ex nur als sehr geldgierig bezeichnet werden konnte. Und da die Kinder noch minderjährig waren und mein Mann beruflich viel im Auto unterwegs war, wollte ich Vorsichtsmaßnahmen treffen. Ich hatte keine Lust, im Falle seines Todes sofort aus seinem Haus zu fliegen, das natürlich seine Kinder erben würden. Mein Freund und ich gingen deshalb zu einem Anwalt und setzten ein Testament auf, dass ich nach seinem Ableben noch ein Jahr in dem Haus bleiben könnte, bis ich etwas Neues gefunden hätte. Ich will den Kindern nicht ihr Erbe vorenthalten, aber ich wollte auch nicht von einem Tag auf den anderen obdachlos sein.«

Annes und Giselas Geschichten sind sicher extrem, aber sie sind keine Einzelfälle. »Ich will nicht mit dir reden, ich will dich auch nicht sehen, ich will nur dein Geld. Das steht mir zu!«, forderte eine dreiundzwanzigjährige Studentin von ihrem Vater. Und sie ist beileibe nicht die Einzige. Eine Achtjährige erpresste in einer SMS ihren Vater: »Wenn du mir ein iPhone am Wochenende kaufst, komme ich. Sonst bleibe ich lieber bei Mama.« Eine Vierzehnjährige fordert vom Vater ein monatliches Taschengeld von 200 Euro, zusätzlich zum Unterhalt, den die Mutter erhält. Mit den Worten: »Mama kann es mir nicht geben, da du sie so knapp hältst und dein Geld lieber für dich und die Neue ausgibst.« Ist das normal? Oder läuft bei den Kindern heute etwas gänzlich falsch? Etwas, was Stiefmütter täglich ausbaden müssen.

Als ich damals studieren wollte, sagte mein Vater, er würde mich mit 400 Mark unterstützen. Das war in den achtziger Jahren. Es gab kein Internet, doch ich wäre niemals auf die Idee gekommen, einen Rechtsanwalt aufzusuchen und mich zu erkundigen, was mir zusteht. Geschweige denn, sämtliche Einkommensnachweise meines Vaters einzufordern. Das hat sich heute deutlich geändert. Kinder fordern heute rücksichtslos ihre sogenannten Rechte ein – und werden dabei von einem Elternteil meist noch unterstützt.

Unser Familienrecht ist so gestaltet, dass es ein Elternteil gibt, das sich kümmern und erziehen, und eines, das an das andere Elternteil zahlen soll. Übrigens ohne Auflagen an den Erziehenden. Während das Nicht-Zahlen eines unterhaltspflichtigen Vaters sofort sehr strenge Folgen haben kann (Lohnpfändung etc.), bleibt das Nicht-Erziehen beziehungsweise Schlechtmachen des Vaters durch die Mutter folgenlos. Kann es sein, dass diese Barunterhalts- und Betreuungsunterhaltsaufteilung zur Folge hat, dass Kinder überhaupt keinen Zusammenhang mehr in der Verantwortlichkeit der Eltern sehen? Mama ist diejenige, die daheim ist, Papa ist derjenige, der zu zahlen hat. Also hat Mama mich lieb und Papa nicht. Und Mama betont ja auch immer, dass ich ihr Ein und Alles bin und sie alles für mich tut, während Papa (angeblich) nicht zahlt. Das verwirrt Kinder. Irgendwann verbinden sie Zuneigung entweder mit Geld oder mit übersteigerten Aufmerksamkeitsforderungen.

Britta ist Ende dreißig, eine Next, die zwei eigene und zwei Stiefkinder hat und außerdem Lehrerin ist. Sie kennt die Stiefkinderproblematik nicht nur aus ihrer eigenen Familie. »Ich habe gerade fünf neue Kinder in meine Klasse bekommen, alles ›Trennungsfälle‹, und der Großteil dieser Kinder zeigt ein extrem auffälliges Verhalten in Richtung ›keiner hat mich lieb‹. Leider führt das in der Klasse in der Tat dazu, dass kein anderes Kind Lust hat, mit diesen ›Jammerlappen‹ zu spielen. Und schon hat sich deren eigene Einschätzung wieder bestätigt: ›Keiner hat mich gern.‹ Und was sagen die Mütter? ›Frau Lehrerin, Sie müssen ganz besonders auf unsere Kleine eingehen, sie ist von der Trennung traumatisiert. Immer wird sie von den anderen Kindern geärgert. Sie ist ja auch so sensibel.‹ Und dann geben sie der Kleinen mit auf den Weg, dass sie Mama jederzeit anrufen können, sie würde sie dann abholen.«

Ach herrje, dachte ich, als ich Brittas Erzählung hörte. Bei den heutigen Scheidungsquoten würden dann ja ständig irgendwelche Kinder abgeholt werden. Dadurch lernen sie aber, dass sie Konflikte nicht lösen müssen, sondern sich jeder Auseinandersetzung entziehen können. Den »Abhol«-Satz kennt Britta auch privat nur zu gut. »In den ersten Jahren haben die Töchter meines Mannes ihn mit Sätzen wie: ›Dann rufe ich jetzt Mama an, und sie holt mich wieder ab‹, ›Ich bin hier gar nicht mehr willkommen‹ oder ›Du hast mich nicht mehr lieb‹ herumbekommen.«

Als Britta und ihr Mann eigene Kinder hatten, änderten sich die Vorwürfe der Töchter. Plötzlich hieß es: »Das durfte ich früher aber nicht.« (Die neuen Kinder aber schon.) Oder: »Das hast du mir nie gekauft.« Als die Kinder noch älter wurden und zum Vater sagten: »Unsere arme Mama hat so wenig Geld, und du gibst ihr nichts« oder »Warum muss das unsere Mama ganz allein bezahlen?«, bekam Britta auch noch Ärger mit ihrem Mann. Der steckte nämlich aus der gemeinsamen Haushaltskasse, in die Britta als Lehrerin den Großteil einzahlt, heimlich seinen ersten Töchtern Geld zu. Als sie ihn darauf ansprach, sagte er, er könne seinen Kindern doch einmal eine Freude machen, das würde sie nichts angehen.

Genau das ist auch die Maxime, die die Mütter ausgeben, sobald es eine Next im Leben ihres Exmannes gibt. Die Next solle sich gefälligst heraushalten und sich nicht einmischen, das gehe sie nämlich nichts an. Natürlich wird diese Haltung von den Kindern nur zu gern übernommen, die haben schnell kapiert, dass es für sie viel einfacher ist, Papa auszutricksen, wenn niemand dagegenhalten darf. Mama und Papa können zerstritten sein, wie sie wollen, als Stiefmutter werden Sie jedoch erleben, dass Ihr Mann, wenn es um seine Kinder geht, plötzlich mit der Ex an einem Strang zieht. Nicht immer freiwillig. Oft genug machen Männer mit, weil sie keine Lust mehr auf nervenzerfetzende Auseinandersetzungen mit der (H)Ex haben. Sie geben ihren Kindern oder der Ex in der Regel lieber nach, als sich mit ihnen auseinanderzusetzen.

Männer machen das aus Angst, keineswegs wollen sie die Kinder verlieren. Die Mütter haben ein anderes Motiv, mag es Rache, Machterhalt oder Eigennutz sein. Die Sicht der Stiefmutter ist wieder eine andere. Kein Wunder, sie verbindet ja keine Erinnerungen an wundervolle Tage mit den Kindern, sie sieht diese auch nicht mit verklärtem Elternblick. Sie sieht die Situation eigentlich so wie die Kinder. Realistisch. Als eine Art ungewollter Notgemeinschaft, aus der man mit Glück auch etwas Positives ziehen kann. Sie nimmt hin, dass ihr Mann weniger Zeit und weniger Geld zur Verfügung hat, weil es eine erste Familie gibt. Und sie nimmt auch hin, dass seine Kinder plötzlich ihr Leben bestimmen. Aber sie findet es nicht immer berauschend, ohne Erstfamilie wäre ihr Leben einfacher, vielleicht sogar schöner. Aber diese Sicht auf die Dinge steht man ihr nicht zu. Den Kindern wird oft sogar eine »Entschädigung« in Form von tollen Geschenken angeboten, da sie sich jetzt mit der zweiten Frau arrangieren müssen. Die Stiefmutter dagegen darf an Entschädigung oder Ausgleich noch nicht einmal denken. Ihr wird Geduld, Schweigen, Aussitzen und Aufopferung abgefordert. Und egal wie toll die Kinder es treiben, sie soll ruhig danebensitzen, lächeln und sich heraushalten.

Die Geschichte von Barbara und Frank: »Hilfe, mein Stiefsohn ist ein Kot-Terrorist«

Barbaras Geschichte konnte ich zunächst gar nicht glauben. Wenn Sie sich schnell ekeln, sollten Sie besser nicht weiterlesen – Barbara hat nämlich jedes zweite Wochenende einen »Kot-Terroristen« daheim. Sascha, ihr neunjähriger Stiefsohn, macht in die Hose, ins Bett und aufs Sofa. Er behält seinen Kot so lange bei sich, bis der geradezu explosionsartig herausschießt. Wenn er sich nachts im Bett einkotet, ist das manchmal eine derart große Menge, dass sie sich bis zu seinen Schultern und in seine Haare hochschiebt. Auf dem Weg zum Bad fällt am nächsten Morgen einiges auf den Teppich, dazu kann er sich auf der Toilette den Hintern nicht richtig abwischen, verschmiert seine Hände damit und fasst anschließend alles an. Bei Barbara ist die »Kacke« im wahrsten Sinne des Wortes am Dampfen.

Natürlich waren Barbara und ihr Mann Frank mit Sascha beim Arzt. Ergebnis: Darm und Blase sind extrem erweitert. Bevor der Junge aber eine Therapie anfangen könnte, müsste drei Wochen lang genau aufgeschrieben werden, was er isst, wann er auf Toilette geht und welche Menge Kot er abgibt. Barbara und ihr Mann können das nicht leisten, Sascha ist ja nur jedes zweite Wochenende bei ihnen. »Und die Mutter, eine

Lehrerin, weigert sich, das zu tun. Sie hält eine Therapie für pädagogisch falsch und findet eine solche diskriminierend für das arme, traumatisierte Scheidungskind. Stattdessen sagt sie ihrem Sohn immer nur, das sei alles nicht schlimm.« Gleichzeitig ekelt sich die Mutter so, dass sie die eingekoteten Sachen (Bettwäsche, Schlafanzug, Unterwäsche, Hosen) nicht wäscht, sondern einfach wegschmeißt. Mit dem Argument, es wäre unzumutbar für den Jungen, das wieder anzuziehen oder darin zu schlafen. Per Gericht forderte sie sogar einen erhöhten Unterhalt ein, weil alles ständig neu angeschafft werden müsse. Noch gibt es kein Urteil, das Verfahren läuft.

Sascha ist kein Einzelfall. In Krankenhäusern gibt es Spezialabteilungen, die Enkopresis (wiederholtes Einkoten) oder Inkontinenz bei Kindern behandeln. Christine Fauland, eine Psychotherapeutin, die in Wien in einer Ärztepraxis arbeitet, hat sich ausführlich mit Bettnässern und Stuhlgang-Kindern beschäftigt. Sie sagt: »Einkoten ist oft als Folge einer stark verwöhnenden, das Kind klein und unmündig haltenden Erziehung zu beobachten. Solche Kinder, die den Anforderungen, die die Umwelt außerhalb der Familie an sie stellt, nicht gerecht werden können, drücken dann durch Einkoten ihren Wunsch danach aus, noch einmal ein kleines Kind zu sein, an das solche Anforderungen nicht gestellt werden.«

Barbara ist inzwischen fassungs- und hilflos. Sie weiß nicht mehr, was sie machen soll. »Sascha ist sowieso schon stark übergewichtig, wiegt mehr als fünfzehn Kilo zu viel. Ich nehme an, dass die Ex ahnt, bei einem genauen Ernährungsprotokoll könne nur eine komplette Nahrungsumstellung das Ergebnis sein. Und davor hat sie Angst, das wäre ja Arbeit, dann müsste sie vielleicht richtig kochen und nicht nur Fertiggerichte auftischen. Sie macht vor diesem Problem genauso die Augen zu, wie bei allen anderen Schwierigkeiten.«

So übergewichtig der Sohn ist, so dünn ist die vierzehnjährige Tochter. Die befand sich schon an der Grenze zur Magersucht, isst jetzt aber wieder normal, allerdings sehr bewusst. »Wenn der Bruder ein Eis nach dem anderen verputzt, erklärt sie ihm genau, was für künstliche Zusatzstoffe er damit aufgenommen hat. Ihn stört das aber nicht. Nicht anders die Mutter. Sie stellt keinen Zusammenhang her zwischen dem Einkoten des Sohnes und der Ernährung. Sie sagt nur: ›Ist nicht schlimm.‹ Das ist doch keine Hilfe für das Kind. Sie lügt uns auch an und nötigt ihren Sohn, ebenfalls zu lügen. Mein Mann hatte Sascha versprochen, dass er ein Geschenk bekommt, würde er die nächsten zwei Wochen bei der Mama nicht ins Bett machen. Das hat er nicht geschafft, das wissen wir von der Schwester. Seinem Vater sagte er jedoch, es sei ihm gelungen, nicht ins Bett zu machen. Und die Mutter unterstützte ihn noch und meinte, er müsse nun sein Geschenk bekommen. Ihr war es egal, dass er log. Das Geschenk sollte eine Belohnung sein, ein Ansporn. Aber Mutter und Sohn bestanden darauf, dass er es einfach so erhält. Obwohl er in die Hose gemacht hat. Das ist doch irre!«

Mit der Tochter von Frank hat Barbara eine bessere Beziehung. Wenn Nicole beim Vater ist, verhält sie sich sehr lieb, ist eher in sich gekehrt, trägt ihr Herz nicht auf der Zunge und spricht nicht viel. Zu Hause, bei der Mutter, ist sie wohl ganz anders. Einmal hatte sie sich mit der Mutter so geprügelt, dass die eine blutige Nase davontrug und die Brille zerbrochen war. Dort benutzt sie auch Ausdrücke, die Barbara ihr niemals durchgehen lassen würde. »Aber die Mutter unternimmt nichts. Im Gegenteil, sie hat, nachdem sie sich gefetzt hatten, gesagt, sie hätte sich jetzt überlegt, ihr ein neues Zimmer zu kaufen. Was soll ich dazu sagen? Die Tochter schlägt ihre Mutter blutig und bekommt als Belohnung dafür ein neues Zimmer.«

Da können aber viele Väter froh sein, wenn sie mit ihrem Verwöhnprogramm dieses Problem noch nicht verursacht haben. Muss ich erwähnen, dass Barbaras Stiefkinder selbstverständlich die neuesten Apple-Produkte besitzen – und gern wieder verlieren? Geburtstags- oder Weihnachtswünsche gehen häufig in den vierstelligen Bereich. Auch mein Mann verwöhnt seine Kinder gern. Aber irgendwann wurde das Zusatzgeld dann zur Norm, und seine freiwilligen Zusatzzahlungen sollten plötzlich als »Mindestunterhalt« eingeklagt werden.

Während ich anfangs noch davon ausging, mein Mann sei eine Ausnahme, bin ich nach meinen Recherchen davon überzeugt, dass die meisten gut verdienenden Väter, die ihre Kinder lieben und ein großes Interesse an ihnen haben, ähnlich verwöhnen. Parallel erzählen dieselben Männer jedoch, sie hätten früher für ihr Taschengeld arbeiten müssen, Rasen gemäht oder den Hof gefegt. Und es hätte ihnen nicht geschadet, sie hätten gelernt zu arbeiten. Fragt man dann vorsichtig an, warum sie es bei ihren Kindern anders handhaben, kommen überall die gleichen Begründungen: »Ich sehe sie ja so selten«; »Ich möchte doch, dass es ihnen gutgeht«; »Ich investiere doch gern in die Zukunft meiner Kinder«.

Erinnern Sie sich an Lisa Wirsing, die Mandantenbetreuerin aus der Rechtsanwaltspraxis? Auch sie hat viele Erfahrungen mit dem Phänomen »Verwöhnen« gemacht: »Gerade wenn eine Ehe schlecht läuft, flüchten viele Väter ins Büro. Oft haben diese Büro-Väter dann eher eine Verbindung auf sachlicher

Ebene zu ihrem Nachwuchs. Aber nur obligates Nachfragen nach Schule oder Zensuren ist eher nervig für Kinder.« Nach der Scheidung versuchen solche Büro-Väter es mit Geschenken und umfassenden Vergnügungsprogrammen. »Viele versuchen die Beziehung zu ihren Kindern nach der Trennung neu herzustellen. Nur ist der Weg, den sie dafür wählen, oft fragwürdig. Damit sind Geschenke oder komplette Narrenfreiheit gemeint. Sie wählen diese Varianten, weil sie nicht wissen, wie sie es anders handhaben können.«

Lisa Wirsing kennt all das auch aus ihrem persönlichen Umfeld. »Meine Enkelin hat während ihres Studiums in einer Familie als Kindermädchen gearbeitet. Die Familie hatte ein Baby, und am Wochenende kamen die Kinder aus erster Ehe. Meine Enkelin hat irgendwann entnervt aufgegeben. Sie sagte, die älteren Kinder seien so unerzogen, würden so viel Blödsinn machen, das wäre unvorstellbar gewesen. Der Vater hat keine Grenzen gesetzt, weil er seinen Kindern nicht zu viel zumuten wollte. Die zweite Frau besaß keine Autorität, wurde aus allen Entscheidungsprozessen herausgehalten und war völlig überfordert. Das war ein einziges Chaos. Ich frage mich wirklich, warum in der Öffentlichkeit immer so wunderbar über Patchworkfamilien geredet wird. Wunderbar ist es wohl nirgends. Und alle Frauen denken anfangs, sie würden es schon hinbekommen. Aber da das nicht die Aufgabe der zweiten Frauen ist, werden sie es nicht hinbekommen.«

→ **Tipp für Stiefmütter**

Wenn es Ihrem Mann an Konsequenz seinen (kleinen) Kindern gegenüber fehlt, sollten Sie ihm ein Buch über Hundeerziehung schenken. Keine Angst, es geht nicht darum, Kinder wie einen Schäferhund abzurichten oder zu dressieren. In modernen Hunderatgebern werden aber liebevolle Konsequenz und direkte Reaktion auf ein Fehlvergehen als wichtigste Regel gesehen. Weder werden Schläge benutzt noch wird der Hund gequält. Die Stichworte sind: fördern und fordern und dem Hund gleichzeitig seine Position innerhalb des Rudels vermitteln. Für einen Hund gilt hier das Gleiche wie für ein Kind: Beide möchten ganz gern einmal Chef spielen. Überlässt man ihnen den Chefplatz aber tatsächlich, sind sie überfordert und beginnen, »bissig« zu werden. Manchmal hilft es, einem Mann etwas über »Umwege« zu vermitteln.

Die Geschichte von Veronica und Oliver:
»Ein eigenes Kind können wir uns wohl nicht leisten«

Veronica ist Anfang dreißig, Oliver gerade vierzig geworden. Seit fünf Jahren sind sie zusammen. Veronica ist Sozialpädagogin und arbeitet jeden Tag mit »schwierigen« Kindern. Da dachte sie am Anfang, dass es mit Olivers beiden Töchtern schon klappen könnte. Leider entwickelte es sich nicht so, wie Veronica es sich vorgestellt hatte. Zumindest zu der jüngeren Tochter, die heute elf ist, hat sie es nie geschafft, eine tragfähige Beziehung aufzubauen. Während sie im Beruf immer Geduld und

Verständnis zeigen kann, ist sie bei dem Kind ihres Freundes irgendwann an ihre Grenzen gestoßen. »Ich kann bis heute rational nicht ganz verstehen, warum es für mich so schwer ist, mit diesem Kind zusammen zu sein.«

Oliver zahlt keinen nachehelichen Unterhalt mehr für seine Exfrau, das tat er nur die ersten zwei Jahre nach der Scheidung, so wie es gerichtlich festgelegt wurde. Aber er zahlt natürlich den Regelunterhalt für die Kinder, das sind insgesamt 900 Euro pro Monat, wobei er 3 000 Euro brutto verdient. »Die Kinder bekommen aber noch jede Menge Extras wie Kleidung, Schuhe, Schulbedarf, gerade erst hat er seinen beiden Töchtern eine neue Skiausrüstung finanziert. Eigentlich übernimmt er fast alle zusätzlichen Kosten. Er freut sich, wenn er seinen Kindern etwas kaufen kann. Vielleicht denkt er, dass er so mehr an ihrem Leben teilhaben kann. Grundsätzlich spricht ja auch nichts dagegen. Was er zahlt ist nur, jedenfalls für mein Verständnis, zu viel, und die Kinder nehmen es zu selbstverständlich hin. Sobald sie irgendwas wollen, wird es sofort gekauft. Das empfinde ich als keine gute Erziehung. Aber eigentlich geht es mich nichts an, weil mein Freund und ich bislang noch getrennte Kassen haben. Sollten wir einmal heiraten, hätte ich wahrscheinlich schon das Gefühl, dass ich den ›Luxus‹ der Kinder dann mitfinanziere.«

Besonders schwer ist es für Veronica, wenn sie mit ihrem Freund über ein gemeinsames Kind sprechen möchte und sich dann anhören muss, dass dafür kein Geld da sei. Vor allem, nachdem die Großeltern dem Bitten der älteren Tochter nachgaben und der ein Pferd kauften. Seither steuert Oliver 150 Euro monatlich für Futter und Stallkosten bei – zusätzlich zum normalen Unterhalt. Er wollte nicht zurückstehen, nachdem alle anderen Angehörigen der ersten Familie den Wunsch nach einem eigenen Pferd als berechtigt ansahen. »Mir wird gesagt, wir können uns kein eigenes Kind leisten, und da machen mich solche Extras natürlich wütend«, sagt sie.

Veronicas Verhältnis zu der großen Tochter ist in Ordnung. Die große Tochter hat immer Kontakt zu ihrem Vater gehalten, die jüngere Tochter hat irgendwann den Umgang verweigert. Oliver ging dann vor Gericht. »Danach fand der vierzehntägige Umgang zwangsweise statt, was höllisch war, weil die jüngere Tochter sich ziemlich schlimm aufgeführt hat. Sie hat freitags Terror gemacht und sonntags – die Samstage waren meistens besser. Da hat man gemerkt, dass sie ihren Vater schon lieb hat. Aber sobald sie an ihre Mutter erinnert wurde, ging es los. Teilweise hat sie nur noch herumgeschrien und uns beleidigt. Natürlich tat sie mir auch leid, aber irgendwann hatte ich einfach keine Nerven mehr. Die Wochenenden und Ferien bestanden nur noch aus Stress. Ich hab mich lange bemüht, war verständnisvoll und geduldig. Es gab Momente, da war das Kind auch zugänglich und wir hatten sogar Spaß, aber im nächsten Moment hat sie wieder dichtgemacht und mich völlig ignoriert, nicht einmal angeschaut. Irgendwann hatte ich es so satt, nie zu wissen, woran man ist, und immer gegen eine Wand zu rennen. Ich bekam Magenschmerzen und Herzrasen, wenn ich wusste, die Kinder würden kommen. In ihrer Gegenwart habe ich mich nur noch unwohl gefühlt. Dazu kam, dass Oliver nach den Heul- und Schreiattacken der jüngeren Tochter anfing, es ihr so recht wie nur möglich zu machen. Es war stets ein Eiertanz. Solange alles so lief, wie die Kleine es wollte, war sie ein liebes Kind, aber wenn es nur einmal etwas zum Essen gab, was ihr nicht gefiel, hat sie ein Drama daraus gemacht und so getan als wäre das eine Misshandlung – das hat sie auch so von ihrer Mutter eingeredet bekommen. Obwohl ich Sozialpädagogin bin, habe ich deutlich gemerkt, dass meine theoretischen Erkenntnisse und das, was ich beim Patchwork fühle, deutlich auseinandergehen. Theorie und Wirklichkeit eben.«

Auch Psychologin Katharina Grünewald kennt diese Diskrepanz, dass man zwar beruflich mit schwierigen Kindern gut umgehen kann, privat aber manchmal hilflos ist. In der persönlichen Situation fehlt einem ihrer Meinung nach die Distanz. Man ist emotional berührt und wird dadurch häufig blind.

Veronicas Hauptproblem ist, dass in der Familie ihres Freundes die Kinder über den Erwachsenen stehen. Alles wird nach den Kindern ausgerichtet, die bekommen, was sie wollen, alle anderen müssen zurückstecken. »Hauptsache, die Kinder sind zufrieden. So konnte und wollte ich mich jedoch nicht verhalten – und deshalb war ich eigentlich für die Kinder nie ›gut genug‹, denn selbst wenn ich mich um sie bemüht habe, war bei den beiden Töchtern ein ganz anderes Verwöhnprogramm Standard.« Oliver gibt ihr öfter zu verstehen, sie müsse sich um die jüngere Tochter mehr bemühen. »Dabei war ich anfangs sehr nett zu ihr, das hat aber nichts gebracht. Und keineswegs wollte ich nach ihren Wünschen tanzen, so wie es Oliver macht. Ich hatte vermutlich nie eine echte Chance bei ihr. Das liegt teils in der Natur der Sache, teils hat die Ex ihren Beitrag dazu geleistet. Aber es hat mich immer verletzt und unter Druck gesetzt, dass ich die Erwartungen meines Freundes nicht erfüllen konnte. Ständig war ich emotional hin- und hergerissen zwischen dem Gefühl, dass ich vielleicht doch mehr auf das arme Kind eingehen müsste, und dem, dass ich einfach keinen Bock mehr auf sie hatte. Irgendwann hat dann Letzteres die Oberhand gewonnen. Ich habe mich extrem zurückgezogen und versucht, möglichst wenig Kontakt zu den Kindern zu haben. Dann aber war wiederum Oliver enttäuscht oder sauer auf mich, was bei mir sofort ein schlechtes Gewissen auslöste. Aber gleichzeitig hatte ich eine Blockade und konnte nicht mehr auf die Kinder zugehen.«

Zu Veronicas Problem mit der Familienhierarchie sagt Katharina Grünewald: »Kinder auf einen Sockel zu stellen und ihnen die Macht zu geben, das Familienleben zu gestalten, ist für Kinder sehr schwierig und überfordert sie. Dabei wird verwechselt, was Kinder sich wünschen und was Kinder eigentlich brauchen. Das ist nicht dasselbe. Wenn Kinder jedoch diese Machtposition innehaben, braucht man als Stiefmutter starke Nerven und Geduld und Großmut.« Veronica hat sich schließlich entschieden, dass sie den Kindern nicht gefallen muss, obwohl sie ein harmoniesüchtiger Mensch ist. »Das war eine wichtige Erkenntnis für mich. Auch wenn mein Freund es gern gehabt hätte, dass das Verhältnis zu seinen Töchtern gut wäre, habe ich das irgendwann aufgegeben. Danach fühlte ich mich entlastet. Die Wochenenden bestehen für mich immer noch aus vielen Unannehmlichkeiten und Kompromissen, aber ich kann jetzt damit leben. Oliver hat größtenteils akzeptiert, dass wir keine ›perfekte Zweitfamilie‹ sind. Momentan denken wir wieder über eigenen Nachwuchs nach. Das ist ein großes Problem für mich, weil mein Freund einem weiteren Kind immer noch sehr skeptisch gegenübersteht.«

Veronica hat starke Befürchtungen, dass seine Kinder nicht positiv reagieren könnten, wenn sie schwanger wird. »Der älteren Tochter wird es vielleicht egal sein, aber die jüngere Tochter ist ja schon eifersüchtig auf mich. Ich möchte nicht noch mehr Stress, und eigentlich wäre es sehr schön, wenn alle ein geschwisterliches Verhältnis aufbauen könnten. Andererseits habe ich Angst, dass mich seine Kinder stören, wenn ich mich auf mein Baby konzentrieren will, und sie dann überall mitmischen wollen.«

Das Gespräch mit Veronica hinterließ mich sehr nachdenklich. Würde ich das alles so hinnehmen?, überlegte ich. Nein. Ich hätte mich lautstark gemeldet, wenn meinem Mann meine persönlichen Bedürfnisse egal wären, wenn er seine Kinder auf ein Podest stellte und sie über mein Leben bestimmen dürften. Doch viele Stiefmütter fügen sich bescheiden in dieses Elend.

→ **Tipp für Stiefmütter**

Seien Sie geduldig. Gerade bei kleinen Kindern ändert sich einiges mit der Zeit. Was allerdings nicht heißt, dass Sie den Kindern alles durchgehen lassen sollten. Versuchen Sie eine gesunde Balance zwischen eigenen und kindlichen Bedürfnissen und Nöten zu finden. Gestehen Sie den Kindern auch eine Entwicklung zu, und beziehen Sie nicht alles auf sich.

Ob es sich um kleine oder große Kinder handelt, das Schema ist gleich: Stiefkinder dulden Sie vielleicht, weil Sie die neue Frau von Papa sind. Wenn es gut läuft, mögen die Kinder Sie vielleicht sogar. Wenn es aber schlecht läuft, werden die Kinder versuchen, Ihnen das Leben zur Hölle zu machen. Bin ich als Stiefmutter schuld an diesem Desaster? Sind Barbara, Sandra oder Hiltrud die Schuldigen in ihrer privaten Tragödie? Wenn die Stiefmutter die Leidtragende ist, kann sie dann überhaupt die Schuldige oder Verantwortliche für das Desaster sein? Fragen über Fragen. Es wird Zeit, einmal einen Blick auf die männlichen Hauptdarsteller unseres Dramoletts zu werfen: die Väter!

→ **Tipp für ältere Kinder**

Ältere Kinder, die ihre Stiefmutter als erklärte Feindin sehen, sollten sich überlegen, ob es ihnen lieber wäre, wenn ihr Vater allein wäre. Oder ob die ach so furchtbare zweite Frau nicht vielleicht doch ganz gut für den Vater ist. Und sei es nur, um ihn im Alter zu pflegen und für ihn da zu sein, wenn er nicht mehr allein zurechtkommt.

5 Um sie dreht sich alles – die Männer

Die Stiefmuttersituation in Männersprache

Einem Beobachter, der sich in Berlin-Mitte für eine Weile in ein Straßencafé setzt, wird bereits nach wenigen Minuten klar, welch elementarer Wechsel sich in der Welt der Männer und Väter in den letzten Jahrzehnten vollzogen hat. War die Rollenaufteilung noch in den Sechzigerjahren eindeutig – Männer arbeiten, Frauen kümmern sich um die Kinder –, mischen sich heute die Rollenmuster. Klare beziehungsweise geschlechtsspezifisch verteilte Rollenvorbilder werden selten. Am Nebentisch telefoniert eine Geschäftsfrau, die ihr Kind durch eine Samenspende bekommen hat, während ihr männliches Au-pair ihren Sohn beschäftigt. Direkt daneben bestellt ein Hipster-Paar, das Kinder und Homeoffice als »gemeinsames Projekt« im Hinterhof-Loft unter einen Hut bringt, den laktosefreien Latte to go. Überall sieht man Männer, die ihren Nachwuchs aus der Schule abholen, den Kinderwagen schieben oder Babytragetücher umgewickelt haben. Natürlich sind diese extremen Spitzen aus Berlin-Mitte nicht in allen Facetten mit dem Familienleben in einem Dorf in Niedersachsen oder Bayern gleichzusetzen, aber die Tendenz ist auch dort zu spüren. Nur beim Mineralwassertragen oder beim Reifenwechsel ist die Rollenverteilung noch klar: Das sind Männersachen.

Allerdings – bei genauerem Hinschauen bemerkt man auch kleine Familien, die anders wirken. Papa und Kind gehen Hand in Hand, reden miteinander, machen Späße, während die Mutter einen Schritt dahinter läuft und irgendwie verloren wirkt. Als gehöre sie nicht dazu.

Im Mai letzten Jahres bestieg ich mit meinem Mann einen kleinen Berg in Texas. Direkt vor uns lief ein Paar in genau dieser Konstellation. Der Vater hielt seinen Sohn an der Hand, die beiden rannten vor, lachten, während die Frau allein hinter ihnen hertrottete. »Das ist bestimmt nicht die Mutter des Jungen, sondern die Stiefmutter«, sagte ich nach einer Weile zu meinem Mann. Beim Abstieg hielten wir an einem mobilen Hotdog-Stand. Zufällig trafen wir dort wieder auf die Kleinfamilie vom Aufstieg. Erneut wirkte die Frau, als sei sie eine Fremde, gehöre überhaupt nicht dazu. Der Mann saß mit seinem Sohn an einem kleinen Zweiertisch, sie stand allein, mit etwas Abstand, daneben. Neugierig, wie ich als Journalistin nun mal bin, sprach ich sie ganz direkt an und fragte, ob sie die Stiefmutter des Jungen sei.

Ihre Reaktion berührte mich sehr. Innerhalb von Sekunden standen ihr die Tränen in den Augen, es schien, als ob sie innerlich zusammenbrach. Schluchzend fragte sie mich, ob man ihr das so deutlich ansehen würde. Ich erzählte ihr, dass ich sie und ihren Mann beim Aufstieg beobachtet hätte. Mit dem Kleinen sei er geradezu rührend umgegangen, aber es schien mir, als ob sie kein wirklicher Teil dieser Familie sei. Genau das würde sie auch empfinden, meinte sie. Sie fühle sich überflüssig, und ihr Mann mache es ihr geradezu unmöglich, einen eigenen, guten

Kontakt zu dem Jungen herzustellen. Fast eifersüchtig nähme er den Jungen für sich allein in Beschlag.

Wir sprachen noch eine ganze Weile miteinander, ich erzählte ihr von deutschen Stiefmuttergruppen, die es im Internet gab, die mir und anderen zweiten Frauen schon sehr geholfen hätten. Sofort, wenn sie heimkäme, würde sie nach dem amerikanischen Pendant suchen, meinte sie. Während unseres Gesprächs schien ihr Mann nicht einmal zu bemerken, dass eine wildfremde Person mit seiner weinenden Frau redete. Er war zu sehr mit seinem Sohn beschäftigt.

Frau Rehwagen, meine Mathelehrerin von der sechsten bis zur zehnten Klasse, hätte das Verhalten dieses Mannes kurz und schmerzhaft benotet: »Aufgabe komplett verfehlt. Setzen, sechs!« So weit würde ich nicht gehen. Außerdem brachte mich der Standardsatz meiner Mathelehrerin damals keinen Schritt weiter. Ich verstand nämlich nie, was ich eigentlich falsch gemacht hatte und wie ich es hätte besser machen können. Erst als ich in der elften Klasse einen neuen Lehrer bekam, ging es aufwärts – und, o Wunder, im Abitur stand eine Zwei minus. Damals habe ich nicht nur Prozentrechnung gelernt, sondern auch, dass es nie zu spät ist.

Ich bin der festen Überzeugung, dass es auch bei Oliver, Marvin, Robert, Edgar und all den anderen Männern nicht zu spät ist. Sie haben nämlich etwas Großartiges an ihrer Seite: ihre Frauen! Sosehr Stiefmütter über ihre Männer schimpfen und fluchen – sie lieben sie. Und bei einer Sache sind sich alle Stiefmütter, mit denen ich sprach, einig: Die Paarbeziehung ist wunderbar – wenn es nur nicht immer wieder die Reibungen wegen der Kinder gäbe. Die allerdings sind so stark, dass die Beziehung häufig genug deswegen auf dem Spiel steht. Die meisten Männer verstehen generell nicht, warum und womit die Stiefmutter ein Problem hat. »Wenn meine Töchter einmal nicht so lieb sind, ist das normal, es sind doch Kinder«; »Sie sind durch die Scheidung schon genug gestraft«; »Ein kleines Geschenk hat noch niemandem geschadet«; »Ich sehe meine Kinder doch so selten, da will ich sie verwöhnen ...«

Das alles klingt nachvollziehbar – für die Männer. Für die und ihren Nachwuchs mag das angehen, aber diese Väter haben sich entschlossen, eine neue Frau in ihr Leben zu holen. Und damit sollten die Weichen anders justiert werden. Es gibt jetzt nicht mehr nur Vater und Kind, es gibt jetzt Vater, Kind und zweite Frau. Und darum sollten Männer ein Interesse daran haben, dass ihre Frauen mit ihren Kindern gut zurechtkommen. Sie sollten sich engagieren, versuchen, die Kinder und die neue Frau füreinander zu begeistern. Sie sollten Brücken bauen statt Gräben zu schaufeln.

Vielleicht ist ihnen das sogar klar. Vielleicht wissen sie einfach nur nicht, wie sie das anpacken sollen. Es ist ja eigentlich schon toll, dass sie überhaupt versuchen, mit ihren Kindern Kontakt zu halten und ein guter Vater zu sein. Noch vor wenigen Jahrzehnten wäre ein Mann, der einen Kinderwagen schiebt, ausgelacht worden. Kinder waren Frauensache. Männer haben tatsächlich einen Quantensprung gemacht in Sachen Familie und Kinder. Nun werden von ihnen Dinge verlangt, die sie wahrscheinlich noch nicht so richtig in ihr neues Vater-Verhalten übernommen haben. Sie kennen die grobe Richtung: Kontakt halten, Kind lieben, Frau lieben. Nur, wie man das alles, auch bei Konflikten, unter einen Hut bekommt, das ist meist Neuland für sie. Leider ist bekannt, dass Männer, selbst wenn sie Neuland betreten, gern so tun, als wüssten sie alles. Jedenfalls kenne ich keinen Mann, der auf der Straße Passanten nach dem Weg fragt.

Wenn ich mit der Hilfe meines neuen Mathelehrers von einer Sechs in Mathe auf eine Zwei minus kommen konnte, dann können Männer auch dieses familiäre Neuland erobern. Was hatte dieser Lehrer damals getan? Er übersetzte mir seine mathematischen Formeln in eine für mich verständliche Sprache. Plötzlich verstand ich, was ich bei Frau Rehwagen nie begriffen hatte. Ich versuche einmal – quasi als Navigationsgerät fürs Neuland –, die Stiefmuttersituation in Männersprache zu übersetzen.

Da ist ein mittlerer Handwerksbetrieb mit einigen Gesellen und Lehrlingen. Ein Heizungs- und Sanitärinstallationsbetrieb. Der Chef ist jeden Tag auf verschiedenen Baustellen, im Büro bleibt vieles liegen. Kunden beschweren sich bereits, weil Termine platzen, die Einsatzplanung einfach nicht funktioniert, Ersatzteile nicht bestellt sind. Ab und zu verrichten Aushilfssekretärinnen die Büroarbeit, aber keine bekommt den Laden so richtig in den Griff. Plötzlich taucht unter den Aushilfskräften eine Sekretärin auf, die die Buchführung auf den neuesten Stand bringt, die Tagespläne so einteilt, dass die Kunden zufrieden sind, und abends auch noch einen Teller mit geschmierten Broten auf den aufgeräumten Schreibtisch stellt. Schnell ist klar: Mit der Neuen läuft das Geschäft wesentlich besser als vorher. Natürlich hat das einen Preis. Sie möchte eine Festanstellung, nicht mehr nur Aushilfe sein. Außerdem möchte sie eigenständig Entscheidungen treffen können, wenn der Meister auf der Baustelle gerade mit wichtigen Installationen beschäftigt ist. Sie kann ja nicht für jede Kleinigkeit mit ihm Rücksprache halten. Weil er Vertrauen zu ihr gefasst hat, lässt er sie machen – er weiß, wichtige Dinge spricht sie weiterhin mit ihm ab. Alles läuft grandios. Eine Win-win-Situation.

Plötzlich tauchen aber Probleme auf. Der eine Lehrling meckert, weil die Sekretärin ihn schon morgens um sieben auf einer Baustelle einteilen will, er aber lieber ausschlafen möchte. Ein Geselle beschwert sich, weil sie ihm nur den vereinbarten Lohn überweist, sich aber weigert, ihm heimlich Zuwendungen aus der Firmenkasse in den Kittel zu stecken, wie es vorher schon mal beim Chef vorgekommen war. Stattdessen gibt sie ihm zu verstehen, er könne Überstunden machen, Arbeit wäre genug da, dadurch würde er auch mehr verdienen. Was macht der Meister jetzt? Lässt er den Lehrling schlafen, und überlässt er dem Gesellen heimlich Geld? Sagt er der Sekretärin, diese Dinge würden sie nichts angehen, er könne seinen Mitarbeitern Zugeständnisse machen, wie er es wolle? Wirft er der Sekretärin eigennützige Motive vor und verlangt, dass sie sich mehr in die Lage des Lehrlings und des Gesellen hineinversetzen müsse? Vielleicht hat er Angst, dass der Lehrling und der Geselle zur Konkurrenz abwandern, und macht ihr darum klar, dass sie die Wünsche der beiden bedingungslos zu erfüllen habe. Im ersten Moment wird sie die Anweisung vielleicht sogar schlucken – er ist ja der Chef.

Dennoch eskaliert am Ende die Situation. Weder der Geselle noch der Lehrling sind mit den weiteren Einteilungen der Sekretärin zufrieden, überhaupt vertreten sie die Ansicht, dass sie selbst viel besser entscheiden könnten, wann und wie viel sie zu arbeiten haben. Zudem fordern sie unverfroren Sonderbehandlungen ein, da sie sich des Rückhalts des Chefs sicher sind.

Die Sekretärin wendet sich jetzt an den Meister und meint, er solle besser selbst die mit den Kunden besprochene Arbeitseinteilung an den Gesellen und den Lehrling weitergeben. Das macht dieser auch, allerdings lässt er sich von den beiden Mitarbeitern weichkochen, ändert einige Termine, ohne die Sekretärin zu unterrichten. Jetzt protestieren die Kunden, rufen im Büro an und lassen ihren Ärger an der nichts ahnenden Sekretärin aus. Die wird so wütend, dass sie sich mit dem Meister anlegt und ihrerseits mit Arbeitsverweigerung beziehungsweise Kündigung droht. Aufgeschreckt staucht der Meister Geselle und Lehrling zusammen, zwei Tage läuft es gut, dann beginnt der Eiertanz von vorn. Irgendwann sind alle Angestellten untereinander zerstritten, der Chef versucht zu vermitteln, kommt kaum noch zum Arbeiten und wundert sich, dass die Firma kurz vor der Pleite steht.

Was würden Sie als Mann diesem Chef raten? Soll er die Sekretärin feuern und wie zuvor weitermachen? Eher nicht, oder? Bestimmt würden Sie ihm dringend empfehlen, mal ein Machtwort zu sprechen und für Ordnung in seinem Laden zu sorgen. Geselle und Lehrling müssten sich an ihre Einteilung halten, korrekt bezahlt werden, und im Gegenzug sollte die Sekretärin in Ausnahmefällen auch mal Sonderwünsche erfüllen.

Warum bekommen viele Männer aber ein solches Verhalten in ihrem Privatleben nicht hin? Wie kann man dieses Phänomen greifen? Was passiert da bei vielen Männern? Kann es sein, dass sie sich so sehr auf die neue Aufgabe »Kind« konzentrieren, dass sie die Frau an ihrer Seite nicht mal mehr sehen? Oder gab es mit der Mutter des Kindes aufgrund unterschiedlicher Vorstellungen über Erziehung und Vatersein so viel Krach, dass sie sich nicht noch einmal von einer Frau »hineinreden« lassen wollen?

Die Stiefmutter kann nichts dafür, wenn der Mann womöglich bei seiner ersten Frau nicht die richtige Wahl getroffen hat.

Es ist davon auszugehen, dass es der Neuen lieber wäre, die Wochenenden ohne aufgehetzte Kinder zu verbringen, ohne Wutausbrüche, weil die Ex wieder einmal eine Verabredung nicht eingehalten hat. Ohne finanzielle Einschränkungen, weil eine Zusatzzahlung geleistet werden muss. Warum bleibt sie dann trotz allem bei ihm? Oder in Männersprache ausgedrückt: Was also ist für eine zweite Frau der *added value* eines Mannes mit Kind?

Ganz einfach: Frauen nehmen Stiefkinder an, weil Männer, die sich um ihre Kinder kümmern, besonders sind. Sie kämpfen mit ihren Emotionen, sie straucheln auch, weil sie sich auf diesem explosiven Minenfeld noch nicht wirklich zu Hause fühlen. Diese Väter meinen es gut, auch wenn sie es nicht immer gut machen. All das wird von Frauen honoriert. Sie lieben ihre Männer – auch oder gerade weil sie Fehler begehen. Sie wollen ihnen helfen, wollen gemeinsam mit ihnen für die Kinder sorgen. Dafür nehmen sie die ganze Problematik in Kauf. Sie versuchen, gemeinsam mit ihrem Mann einen guten Weg zu finden.

Aber dieser *added value* verschwindet, wenn die Stiefmutter von ihrem Partner für seine Fehler zur Verantwortung gezogen wird. Wenn er sie nicht ernst nimmt. Wenn er immer noch meint, alles richtig zu machen, auch wenn das Schiff schon fast gesunken ist. Wenn er seine Frau nicht als gleichberechtigte Partnerin betrachtet. Wenn er ihr den ersten Platz verweigert und sie auf die hinteren Rangplätze verweist. Es sollte ihn dann nicht verwundern, wenn sie sich zurückzieht oder Forderungen formuliert. Stellen Sie sich einen Weltklasse-Stürmer vor, der neunzig Minuten vom Trainer grundlos auf die Bank gesetzt wird und zuschauen muss, wie andere am Tor vorbeischießen, ohne eingreifen zu können. Dem Trainer würden Sie doch den Marsch blasen, oder? Frauen stehen wie eine Eins an der Seite ihres Mannes, wenn sie wissen, dass sie die Nummer eins in seinem Leben sind. Und es fällt manchem Mann sehr schwer, diese Hierarchie nach außen deutlich zu vertreten.

Stiefmütter müssen oft um die Gunst ihres Partners buhlen, konkurrieren dann mit seinen Kindern. Das ist verrückt, denn die Liebe zwischen Mann und Frau ist nicht vergleichbar mit der Liebe zu einem Kind. Dabei handelt es sich um eine völlig andere Ebene. Doch nicht wenigen Frauen wird gleich beim ersten Date gesagt: verstünde sie sich nicht mit seinen Kindern, müsste er die Beziehung sofort beenden. Dabei hat sie ja noch nicht einmal angefangen. Christiane lebt seit sechs Jahren unter diesem Damoklesschwert: »Wahrscheinlich habe ich genau deswegen noch immer eine Abneigung gegen seinen Sohn. Wenn der nicht mehr will, dass ich mit seinem Vater zusammen bin, werden wir uns trennen«, sagte sie mir. »Diesen Kampf würde ich nie gewinnen. Auch wenn mein Partner mir sagt, ich sei das Wichtigste in seinem Leben – er würde nie sein Kind wegen mir abschieben. Aber umgekehrt würde er mich rausschmeißen, wenn sein Sohn das fordern würde. Und darum hat sein Sohn so eine ungeheure Macht über mich.«

Oliver, der Freund von Veronica, möchte, dass in der neuen Familie alles so läuft wie in seiner ersten Ehe, nur eben mit anderer Besetzung. Wie im Theater, da gibt es ja auch eine Zweitbesetzung für die Hauptrollen. Ebenfalls eine gefährliche Voraussetzung für die Stiefmutter.

Katharina Grünewald, die Patchwork-Expertin, kennt diesen Klassiker: »Es kann sein, dass Männer, deren erste Ehe in die

Brüche gegangen ist, bewusst oder unbewusst die Hoffnung haben, dass das gleiche Familienmodell trotzdem mit einer anderen Frau funktioniert, wenn sie sich nur mehr anstrengen. Sie suchen dann eine neue Frau für diese ›Familienschablone‹. Am Anfang fühlt es sich sogar oftmals auch für die Frauen gut an, doch bald versuchen sie sich aus dieser Schablone zu befreien und Eigenes mit hineinzubringen. Die Väter versuchen dann zwischen allen Fronten zu vermitteln, um für die Kinder den Schein der Familie irgendwie noch aufrechtzuerhalten. Sie wollen den Bruch nicht spürbar werden lassen.«

Bei meinen Interviews mit Stiefmüttern wunderte ich mich immer wieder, wenn Frauen über sich als »Zweitfrau« sprachen. Lebten sie etwa in einem Harem mit Erst-, Zweit- und Drittfrauen? Ich bin die zweite Frau meines Mannes, das ist richtig, aber ich bin doch nicht seine Zweitfrau! Wenn mich Freunde als Zweitfrau meines Mannes bezeichnen, kann ich richtig böse werden. Zu einer Zweitfrau gehört schließlich eine Erstfrau, also eine Frau, die aktuell noch existiert, die die älteren Rechte hat, möglicherweise mehr von meinem Mann für sich beanspruchen darf als ich selbst. Irgendwann fiel mir auf, dass viele der Frauen, die von sich als Zweitfrau sprechen, sich auch genauso sehen. Auf Platz zwei in seiner ganz persönlichen Rangordnung. Die erste Frau, bei der mir dieser Zusammenhang auffiel, war Maria.

Die Geschichte von Maria und Stefan:
»Ich bin die Zweitfrau«

Maria ist Anfang fünfzig, attraktiv, gebildet, humorvoll und eine hervorragende Köchin. Ich kann das beurteilen, da ich an einem Abend, an dem wir zusammen saßen, von ihr bekocht wurde. Sie hat eine schöne Wohnung, einen interessanten Job und zwei erwachsene Söhne, zu denen sie einen guten Kontakt hat. Und sie hat einen gleichaltrigen Freund, der in den letzten dreieinhalb Jahren nie bei ihr übernachtet hat. Er kommt zwar oft zu Besuch, fährt aber immer nachts nach Hause, da seine beiden Töchter bei ihm leben. »Stefan kann nicht bei mir bleiben, da Felicitas und Sarah dann Krach schlagen würden. Die Mutter hat die drei verlassen, und seither versucht Stefan ihnen Mutter und Vater gleichzeitig zu sein«, erzählte Maria. Zunächst nickte ich noch verständnisvoll, da ich davon ausging, Stefan würde nachts den Babysitter ablösen. Als ich hörte, dass die beiden Töchter aber zwanzig und einundzwanzig sind, war ich dann doch etwas sprachlos.

»Die drei sind eine Einheit. Sie frühstücken jeden Morgen zusammen, für die Mädchen würde eine Welt zusammenbrechen, wenn er nicht da wäre«, versuchte Maria mir Stefans nächtliches Verschwinden zu erklären. Maria und Stefan lernten sich kennen, als Felicitas und Sarah für ein Auslandssemester in England waren. »Die ersten Wochen mit ihm waren so überwältigend, noch nie wurde ich so geliebt. Wir konnten es keine fünf Minuten ohne einander aushalten. Wir waren verliebt wie Teenager. Natürlich erzählte mir Stefan von seinen Töchtern, er telefonierte ja jeden Tag mit ihnen. Und in seinem Haus standen überall Fotos von den Mädchen. Ich dachte mir nichts dabei, ich habe ja auch zwei Söhne und fand es sogar gut, dass er ein verantwortungsvoller Vater ist.« Vier Monate war der Himmel für Maria auf die Erde gekommen, dann kehrten seine Töchter zurück. Und von einem Moment auf den andern war alles anders.

»Wir haben Felicitas und Sarah noch zusammen am Flughafen abgeholt, wir haben uns begrüßt, alles war prima. Danach fuhr Stefan zu meiner Wohnung, hielt dort an und sagte, er würde sich später bei mir melden, der Tag würde erst einmal seinen Töchtern gehören. Ich war wie vor den Kopf geschlagen, habe aber gute Miene zum bösen Spiel gemacht, bin ausgestiegen und winkte ihnen zum Abschied sogar noch nach.«

Am nächsten Tag rief Stefan an und fragte Maria, ob sie abends vorbeikommen wolle. Er könne sie abholen, die Mädchen würden später zu Freunden gehen. »Ich habe mich natürlich gefreut – nach dem ersten Schock hatte ich mehr Verständnis dafür, dass er den Tag allein mit seinen Töchtern hatte sein wollen. Als Stefan auftauchte, saß seine jüngere Tochter im Auto. Vorne auf dem Beifahrerplatz. Sarah blieb dort auch sitzen, als ich mich dem Wagen näherte, sie machte nicht die geringsten Anstalten, nach hinten zu gehen. Also setzte ich mich auf die Rückbank. Zwischen Taschen und Jacken, die die Tochter achtlos dorthin geworfen hatte. Sarah hatte den Sitz ganz nach hinten gestellt. Ich bin ziemlich groß, während seine Tochter eher klein ist. Ich bat sie, etwas nach vorne zu rutschen, weil ich meine Beine kaum anwinkeln konnte. Sie lächelte mich an und meinte, sie hätte gerade die Nägel frisch lackiert und könne jetzt nicht am Sitz herumhantieren. Für die kurze Strecke würde es doch bestimmt so gehen. Im Nachhinein war das für mich das Vorzeichen für alles, was ich hinterher erlebte.«

Schnell merkte Maria, dass die Töchter bei Stefan Priorität hatten und sie an zweiter Stelle kam. »Ich war seine Zweitfrau, die Töchter beanspruchten den ersten Platz. Es war nicht so, dass ich geheim gehalten wurde, und ich unterstelle Stefan auch nicht, dass er eine sexuelle Liebe zu seinen Töchtern verspürte, aber sie kamen an erster Stelle. Im Kino saßen wir zum Beispiel immer so, dass beide Mädchen neben ihm ihren Platz hatten und ich meinen neben einem der Mädchen. Im Auto bleib es dabei, dass, wenn Felicitas und Sarah schon im Wagen saßen, ich mich auf der Rückbank niederließ. Auch wenn ich bei ihm übernachtete, hatte ich immer das Gefühl, die beiden Töchter sind wichtiger als ich. Zum Frühstück war stets alles vorhanden, was die Mädchen gern mögen. Die Milch allerdings, die ich in meinen Kaffee gebe, musste ich mir selbst kaufen. Genauso wie Käse. Stefan und die Mädchen essen morgens nur Marmelade oder Wurstaufschnitt, ich esse lieber Käse. Für seine Töchter hatte er ständig alles besorgt, meine Vorlieben hatte er regelmäßig vergessen.«

Maria versuchte, sich in das Trio zu integrieren. Aber das war nicht einfach. »Die drei haben feste Rituale, von denen man nicht abwich, ganz gleich, ob ich da war oder nicht. Zum Beispiel ruderten sie jeden Mittwoch. Das heißt, die Mädchen ruderten, Stefan übernahm die Position des Steuermannes. Anfangs dachte ich noch, ich könne ja mitmachen. Aber das gemietete Boot war nur für drei Personen konzipiert. Für mich gab es da keinen Platz. Und ein anderes Boot wollten sie nicht nehmen. Sonntags gingen sie bei Heimspielen immer zum Fußball. Stefan hatte im Stadion drei feste Plätze, auch da war ich überflüssig. Es war nicht so, dass ich mich mit den Mädchen nicht verstanden hätte, aber ich wurde systematisch von allen gemeinsamen Aktionen ausgeschlossen. Irgendwann beschloss ich, mich nicht mehr bei ihm aufzuhalten, sondern mich mit Stefan nur noch bei mir zu treffen. Er hat das akzeptiert, aber er übernachtet nicht bei mir. Er akzeptiert alles, was ich fordere oder mache, aber ich würde mir wünschen, dass er einmal für mich, für unsere Liebe kämpft.«

Nachdem ich mir alles angehört hatte, was Maria mir erzählen wollte, fragte ich sie, ob sie sich als Stefans Frau oder eher als eine Art Geliebte sehe. Sie schwieg lange, konnte mir anfangs keine Antwort geben. Sie habe sich das selbst schon oft gefragt, meinte sie dann. Die gemeinsamen ersten vier Monate seien nach wie vor das Schönste, was sie jemals in ihrem Leben erlebt hätte. Aber sein Verantwortungsgefühl für seine Töchter sei enorm. Sie würde tatsächlich nur die zweite Geige spielen.

Danach verabschiedete ich mich von ihr. Auf dem Heimweg dachte ich darüber nach, dass ein Zurückstecken eigener Bedürfnisse oder Forderungen für einen Mann in der Regel nicht in Frage kommt. Für sich selbst nehmen die meisten Männer jedoch gern in Anspruch, wenn eine Frau das macht. Da fällt es ihnen nicht einmal auf.

Die Geschichte von Simone und Albert:
»Seine Nummer eins ist seine Tochter, ich komme mir vor wie die Geliebte«

Eine Woche nach Maria sprach ich mit Simone, die heute Ende vierzig ist. Nach ungefähr fünf Minuten sagte sie mir am Telefon: »Ich komme mir vor wie eine Geliebte – die Nummer eins in seinem Leben ist nämlich seine Tochter.« Und wenn sie ehrlich mit sich wäre, hätte ihr das von Anfang an klar sein müssen. »Als ich Albert begegnete, war zufällig auch seine Tochter mit dabei. Das war nämlich auf einer Party, auf der die Gäste ihre Kinder mitbrachten. Zu unserem ersten Date lud er mich zu sich nach Hause ein, und Lisa, die Tochter, machte die Tür auf. Ich war erst etwas erstaunt, aber wir haben uns gleich gut verstanden.« Albert und seine Ex praktizieren das Wechselmodell. Lisa lebt eine Woche bei der Mutter und eine Woche bei Albert. Immer freitags wird gewechselt. »Die Mutter lernte ich recht schnell kennen, die wohnte nämlich nur eine Straße weiter. Da auch meine Wohnung nicht weit entfernt war, passte alles ganz gut.«

Vom ersten Moment an war Simone erstaunt über die Raumaufteilung bei Albert. »Er hatte eine sehr schöne, aber völlig verwinkelte Wohnung. Die Küche diente gleichzeitig als Wohnraum, man saß dann eben am Esstisch, statt auf dem Sofa. Albert hatte noch ein kleines Arbeitszimmer, in dem er sich aber sehr selten aufhielt. Weiterhin gab es sein Schlafzimmer, das ungefähr elf Quadratmeter groß war und kaum Platz bot für Bett, Schrank und Fernseher. Lisas Zimmer war jedoch das größte in der ganzen Wohnung, bestimmt hatte es fast vierzig Quadratmeter. Ich fragte ihn, warum denn seine Tochter, die ja nur jede zweite Woche da wäre, das größte Zimmer hätte. Er bräuchte nicht viel, war seine Antwort.«

Simone und Albert entwickelten bald einen gemeinsamen Lebensrhythmus, in der Lisa-Woche war sie bei ihm, in der Lisa-freien kam Albert zu ihr. »Dazu muss ich sagen, dass ich deutlich mehr verdiene als Albert und meine Wohnung um einiges größer ist als seine. Wenn ich bei ihm war, fühlte ich mich immer äußerst eingeschränkt. In der Küche herrschte meist ein absolutes Chaos, wenn ich abends kam. Lisa hatte dort, wenn sie mittags von der Schule nach Hause heimkehrte, mit Freundinnen Brote geschmiert oder Pommes gegessen. Auf jeden Fall war hinterher alles dreckig, nie wurde etwas weggestellt, geschweige denn geputzt. Anfangs habe ich noch aufgeräumt, aber das habe ich schließlich gelassen. Zu Hause habe ich eine Putzfrau, und ich fühlte mich total blöd, als ich dann bei ihm jeden Tag den Mist seiner Tochter wegmachte. Albert dagegen störte die Unordnung nicht. Er machte nun jeden Abend alles sauber, was seine Tochter in der Küche hinterließ.«

Simone hielt sich meist in Alberts Schlafzimmer auf, saß dort auf dem Bett, schaute fern und wartete, dass er nach Hause kam. »Das war für mich absolut unbefriedigend. Ich konnte auch keine Sachen von mir mitbringen, weil in dem kleinen Zimmer überhaupt kein Platz dafür war. Ich habe versucht, mit Albert und Lisa darüber zu sprechen, aber das brachte nichts. Beide nickten, versprachen Besserung – und nichts passierte. Am nächsten Tag sah die Küche wieder genauso aus.«

Dabei kamen Simone und Lisa ganz gut miteinander aus. Simone arbeitete zu der Zeit als PR-Frau für eine Plattenfirma und konnte häufig coole Autogramme für Lisa mitbringen oder sie bei Konzerten in den Backstage-Bereich mitnehmen. »Das war natürlich super. Wir haben auch manchmal zusammen ferngesehen. Allerdings selten. Meistens schaute sie allein in ihrem Zimmer fern und ich eben bei Albert im Schlafzimmer. Es gab ja kein Wohnzimmer, wo man hätte gemeinsam sitzen können.«

Simones größtes Problem war, dass sie keinerlei Einfluss auf die Situation hatte. »Ich kam mir irgendwann wie die Hofdame einer Prinzessin vor. Dazu kam, dass wir auch viel allein waren, da Albert häufig erst spät abends von der Arbeit heimkehrte.« Nach zwei Jahren Beziehung wurde alles noch schlimmer. Lisa zog nicht mehr regelmäßig freitags um, sondern nach Lust und Laune. Wenn sie mit der Mutter Ärger hatte, kreuzte sie früher auf, war sie noch mit Freundinnen verabredet, blieb sie einen Tag länger. »Ich konnte nichts mehr planen, sondern war von den Launen einer Pubertierenden abhängig. Wollte ich für einen eigentlich Lisa-freien Freitag Freunde bei mir zum Essen einladen, konnte es sein, dass Albert nicht erschien, weil Lisa beschlossen hatte, noch bei ihm zu bleiben.«

Mittlerweile war Lisas Mutter in ein anderes Stadtviertel gezogen, ständig musste Albert nun hin und her fahren und Sachen bringen oder abholen. »Die Mutter setzte sich dagegen nie ins Auto. Obwohl sie diejenige war, die weggezogen war und jetzt auch noch eine deutlich günstigere Wohnung hatte. Somit war er abends noch später als sonst für mich da, weil er immer noch Sachen für seine Tochter transportieren musste. Egal ob wir bei ihm oder bei mir waren. Immer musste er erst noch irgendetwas abholen oder vorbeibringen.«

Simones berechtigter Einwand, dass Lisa alt genug sei, selbst dafür geradezustehen, wenn sie etwas vergaß, wurde als »egozentrisches Denken« interpretiert. Und da ein Funken Wahrheit dabei war – Simone hätte es ja wirklich lieber gehabt, wenn Albert abends bei ihr statt im Auto gesessen hätte –, fühlte sie sich ertappt und schwieg fortan. Sie erkannte zwar, dass Alberts Verhalten der Entwicklung des Mädchens nicht guttat. Aber sie konnte das nicht sagen, ohne Konflikte zu provozieren. Würde eine leibliche Mutter den Vater anhalten, der Tochter nicht alles nachzutragen, damit sie Eigenständigkeit lernt, nimmt man selbstlose, mütterlich-erzieherische Motive an, bei der Stiefmutter geht man dagegen von egoistischen Motiven aus.

Irgendwann explodierte Simone und teilte Vater und Tochter mit, dass sie das so nicht mehr mitmachen würde. Da Albert und Lisa nicht zu ihr ziehen wollten – Albert war der Meinung, dass er das Lisa nicht zumuten könne –, war ihr Vorschlag, eine gemeinsame Wohnung zu finden, in der alle ihren Platz hätten. Beide waren einverstanden. Aber ganz gleich welche Wohnung Simone mit ihnen besichtigte, immer gab es etwas auszusetzen. Mal fehlte ein Balkon, den es in Alberts Wohnung auch nicht gab, mal war das Bad zu klein oder der Teppich hatte die falsche Farbe. »Irgendwann merkte ich, die zwei wollten gar nicht umziehen. Die fühlten sich in ihrer kleinen Papa-Tochter-Bude ganz wohl. Da traf ich die Entscheidung, nicht mehr zu ihm zu gehen, sondern nur noch in meiner Wohnung zu sein. Und Albert ist dann bei mir, wenn seine Tochter nicht bei ihm ist.«

Seit gut einem Jahr wird dieses Modell praktiziert, doch Simone ist damit nicht zufrieden. »Wie ich anfangs schon sagte, ich komme ich mir fast wie eine Geliebte vor, die daheim herumsitzt und darauf wartet, dass die Ehefrau ihn für eine Weile gehen lässt. Erschwerend kommt hinzu, dass Lisa immer häufiger bei ihrem Vater ist, weil sie in der Pubertät bei der Mutter an Grenzen stößt, beim Vater aber alles darf. Ich habe Lisa jetzt ein halbes Jahr nicht mehr gesehen. Das ist schon sehr seltsam. Ich weiß nicht, wie es weitergeht. Und ob es überhaupt weitergeht.«

Albert und Lisa scheinen alles so hinzunehmen, wie es ist. Lisa ist jetzt fünfzehn. »Wenn ich mir vorstelle, dass sie noch drei Jahre zur Schule geht, anschließend vielleicht eine Ausbildung macht und währenddessen beim Vater bleibt, verzweifle ich. Manchmal frage ich mich, ob das überhaupt eine echte

Beziehung ist, die wir führen. Ich träume davon, bei einem Mann die Nummer eins zu sein. Bei Albert bin ich das nie. Den Platz hat seine Tochter inne. Mittlerweile zweifle ich sogar, ob das Liebe ist, was wir füreinander empfinden.«

Katharina Grünewald hat sich auf meinen Wunsch hin mit Simones Geschichte auseinandergesetzt. Ihr Fazit: »Bei Simone fallen mir einige Fragen ein, die sie sich generell stellen sollte, etwa: ›Warum mache ich das eigentlich mit?‹ Die Klärung dieser Frage ist wahrscheinlich nicht so einfach und nur im Hinblick auf Simones Lebensgeschichte und das daraus resultierende Lebensmuster zu beantworten. Es fing bei ihr an mit: ›Ihr seid wichtig, und ich passe mich an‹, das war in der Zeit, als Simone die Putzfrau für die Tochter spielte, allein in Alberts Zimmer saß und auf ihn wartete. Dann wechselte sie zu: ›Ich bin wichtig, und ihr müsst euch anpassen‹, das war, als sie von Vater und Tochter erwartete, gemeinsam in eine neue Wohnung zu ziehen. Beides führte nicht zum erhofften Miteinander. Jetzt lebt sie das Modell: ›Ich bin mir wichtig, und ihr dürft euch wichtig sein‹, und zwar indem sie in ihrer Wohnung bleibt, in der sie sich wohlfühlt und in der sie ihren Platz hat, den sie auch dem Vater und der Tochter zugesteht. In dieser Situation, in der jeder bekommt, was er braucht, stellt sich jetzt die entscheidende Frage: Bleibt hier überhaupt noch Platz für eine Liebesbeziehung zwischen Simone und Albert?«

Stimmt. Wo ist denn hier das Liebespaar? Und zwangsläufig tauchten in mir noch weitere Fragen auf: Warum hat sich Albert mit diesem Rückzug von Simone anscheinend so schnell abgefunden? Wo möchte der denn sein? Wieso macht er so wenig deutlich, welches Interesse er überhaupt an seiner Partnerin hat? Welchen Platz nimmt Simone in seinem Leben ein? Hat er Angst davor, die Ex oder Simone vor den Kopf zu stoßen? Versteht er wirklich nicht, dass eine Frau in der Rangordnung bei ihrem Geliebten ganz oben stehen will? Gerade Männern ist Hierarchie doch immens wichtig. Ihnen ist es wichtig, welchen Firmenwagen sie fahren, wie viele Fenster ihr Büro hat, wie viel sie mehr als die anderen Kollegen verdienen. Fast ist es unverständlich, weshalb sie im Fall der Stiefmutterproblematik davor die Augen nahezu verschließen.

Weiter Katharina Grünewald: »Bei Simone ist es an der Zeit für klare Fragen und klare Antworten. Was will sie? Warum bleibt sie in der Beziehung, in der sie immer wieder auf Mauern stößt? Was hält sie da? Warum kämpft sie sich da so ab?«

Die Patchwork-Expertin machte mich auch noch auf einen Vergleich aufmerksam. In der deutschen Sprache habe das Wort »leiden« eine Doppelbedeutung. Ich »leide« oder ich »kann etwas leiden«: »Die Frauen leiden, kommen mit diesem Leiden aber oft ganz gut klar, manchmal sogar über eine erstaunlich lange Zeit. Dann lohnt es sich, sich zu fragen, was sie an ihrem Leiden gut leiden können. Das klingt paradox, kann aber viel Klarheit bringen. Im Fall von Simone kann es also sein, dass sie unter der unbefriedigenden Beziehungssituation zwar leidet, aber sich mit diesem Leiden gut auskennt und es gut managen kann.«

Der Tipp, den die Psychologin diesen Frauen gibt, klingt für mich sehr einleuchtend. »Simone hat sehr deutlich und ohne zu beschönigen über ihre Situation gesprochen. Sie könnte ihre Geschichte aufschreiben. Detailliert, mit eigenen Worten. Und dann ein zweites Kapitel mit der Überschrift: ›Warum bleibe ich in der Beziehung?‹ hinzufügen. Das hat sie nämlich noch nicht erzählt, und da werden oft Dinge klar, die einem zunächst nicht wirklich bewusst sind. In der Regel lautet die Antwort erst einmal: ›Weil ich ihn liebe.‹ Aber was steckt dahinter? Was bedeutet es für Simone, jemanden zu lieben? Das Aufschreiben kann beim Aufspüren helfen.«

Diesen Tipp habe ich an Simone, aber auch an Maria und einige andere Frauen, mit denen ich gesprochen habe, weitergeben. Doch was ist mit den Männern? Sie sind es, die Simone oder Maria dazu bringen, zu verzweifeln. Sie wollen ihre Rolle als Vater – wenigstens im zweiten Anlauf – so perfekt spielen, dass sie überhaupt nicht sehen, wie sie ihre Frau am ausgestreckten Arm verhungern lassen. Warum machen Männer das? Sowohl Maria als auch Simone haben sich die Frage gestellt, ob sie nicht eher die Rolle einer Geliebten innehaben als die der Frau an der Seite ihres Partners. Und beide Frauen kämpfen gegen eine Konkurrenz an, die im Grunde gar nicht zu existieren bräuchte. Es sollte doch möglich sein, seine Partnerin und seine Kinder gleichzeitig zu lieben, oder? Meine Güte, Männer können Raketen bauen, sie können Abseitsregeln und Mikrowellen erklären, aber sie bekommen es trotzdem nicht hin, ihre Kinder wie Kinder und ihre Frau wie eine Frau zu lieben. Warum nicht?

Wenn ein Mann die Stellung seiner Frau bei seinen Kindern nicht klar definiert, wie sollen die dann erkennen, dass sie die Frau ernst nehmen sollten, dass diese Frau dem Vater wichtig ist? Gerade Marias Beispiel mit dem Beifahrersitz, das mir übrigens auch von anderen Frauen berichtet wurde, fand ich sehr bezeichnend. Selbst wenn es keine festgeschrieben Gesetze für die Verteilung der Autositze gibt, so ist es doch meistens so, dass die Frau, wenn sie nicht selbst hinter dem Steuer sitzt, auf dem Beifahrersitz ihren Platz hat und die Kinder im Fonds. Der Beifahrerplatz ist eine Art Co-Chefplatz.

Ich kann mich noch gut erinnern, dass einige meiner Tanten klagten, sie müssten immer hinten einsteigen, wenn die Schwiegermutter mitfuhr. Alle haben das gehasst, weil es ihnen den Platz an der Seite ihres Mannes streitig machte. Sie fühlten sich auf die Reservebank abgeschoben. Genau das gleiche Gefühl haben Frauen heute auch, wenn die Kinder ihres Partners vorne sitzen dürfen und sie auf die Rückbank verwiesen werden. Und ich bin mir ziemlich sicher, selbst wenn den Männern das nicht auffällt, weil ihr Platz ja immer der hinter dem Steuer bleibt, ihre Kinder werten das sehr genau. Früher war das ja der Platz der Mutter, und sie, die Kinder, saßen hinten.

Sind Sie Zweitfrau oder seine große Liebe?

Die Psychologin Katharina Grünewald erwähnte bei ihren Ausführungen, dass etliche Männer ihre Ex einfach austauschen und durch eine neue Frau ersetzen wollen. Ist das tatsächlich so? Bei Boris Becker oder Franz Beckenbauer ist man geneigt, das als außenstehende Person zu glauben. Allein die äußeren Ähnlichkeiten zwischen den jeweiligen Damen sind schon sehr groß. Aber wie sieht es bei Otto Normalverbraucher aus, also bei denen, die nicht prominent sind? Wird auch hier die eine Frau durch eine andere ersetzt? Verlangen Männer von der zweiten Frau, dass sie die Lücke, die die erste Frau hinterlassen hat, schließt, anstatt ihr zuzubilligen, einen eigenen Platz zu finden? Ich habe versucht, darüber mit Männern zu reden. Das gestaltete sich allerdings wesentlich schwieriger, als die Gespräche mit den Frauen.

Während die Frauen, die ich interviewte, eher Schwierigkeiten hatten, Vertrauen zu fassen, um ehrlich über ihre Situation zu reden, und sie zudem große Angst davor hatten, dass man sie und ihre Geschichte erkennen könnte, kamen die Männer ständig auf andere Themen zu sprechen. Es war wie verhext. Aber kein einziger Mann sagte mir konkret etwas zu persönlichen Problemen mit seiner zweiten Frau oder Freundin. Der erste Satz war noch nicht beendet, und schon war der Interviewte bei Allgemeinplätzen gelandet. Den Jugendämtern, die immer nur die Frauen begünstigen; dem Gesetz, das Männer zu Zahlvätern macht; den Exfrauen, die sich mit aller Macht rächen wollen. Nur über ihre persönliche Situation wollten sie partout nicht reden, geschweige denn über ihr Versagen oder ihre Fehler. Noch nicht einmal jene Männer, die schon verschiedene gescheiterte Beziehungen nach der Scheidung hatten, wollten einen Zusammenhang zwischen diesem Scheitern und ihrem Umgang mit der ersten Familie sehen. Im Gegenteil, sie hielten sich für besonders kompetent. Alle Männer wollten mir Tipps geben, mir sagen, worauf ich besonders achten solle und was für meine Recherche wirklich wichtig sei. Glauben Sie mir, ich bin hartnäckig. Aber nach sechs Männern und zehn Stunden Gespräch gab ich auf. Wenn ein Weg in einer Sackgasse landet, muss man einen anderen Weg einschlagen.

Ich überlegte mir, wer die Situation der Männer erklären könnte, wenn es schon nicht die Betroffenen selbst waren. Irgendwann kam ich auf die Idee, dass eine solche Person eine Schulleiterin sein könnte. Sie lädt Eltern regelmäßig zu Sprechtagen ein und kennt daher sowohl die erste als auch zweite Frau wie auch den Mann und die Kinder. Dadurch ergab sich ein Gespräch mit Gabi Bunker, Schulleiterin eines Förderzentrums in Süddeutschland für die Bereiche Sprache, Lernen, Verhalten. Sie verschaffte mir viel Klarheit.

Ich fragte sie, ob an ihrer Schule besonders viele Scheidungskinder und dementsprechend auch Stiefmütter seien und wie sie die Väter im Verhalten zur ersten und dann zur zweiten Frau erlebt. Ihr Kommentar ließ mich aufhorchen: »Scheidungskinder und Stiefmütter gibt es in unserer Einrichtung eine Menge. Dabei habe ich beobachtet, dass für viele Stiefmütter die Kinder des Partners ein ernsthaftes Problem sind, das in meinen Augen jedoch meist vordergründig ist. Noch größer ist das Problem, dass sich diese Stiefmütter zurücknehmen und sich nur als ›Zweitfrau‹ empfinden. Dadurch ist es für die Kinder und auch die Männer überhaupt erst möglich, sie zur ›Zweitfrau‹ zu machen. Diese Frauen zäumen ihre Probleme an den Kindern auf, an der Exfrau, am Mann, nur nicht an ihrem eigenen Verständnis von sich und ihrer Partnerschaft.«

Hat Gabi Bunker es in der Elternsprechstunde mit einer Stiefmutter zu tun, die von ihren Schwierigkeiten mit dem Kind erzählt, will sie immer wissen, wie ihr Mann sein Verhältnis zu ihr sieht und definiert. »Alle Stiefmütter sind damit konfrontiert, dass der Mann eine gescheiterte Ehe oder Beziehung hinter sich hat. Und jetzt kommt es in meinen Augen darauf an, ob der in der Lage ist, diesen Tatbestand auch anzuerkennen. Denn das Scheitern ist stets verbunden mit Trauer, nämlich um den Verlust der Beziehung zur Exfrau. Gesteht sich der Mann diese Trauer nicht zu, sondern versucht einzig und allein den Status quo wieder herzustellen, indem er innerhalb kürzester Zeit eine neue Frau in sein Leben holt, mit der gefälligst alles so weitergehen soll wie zuvor, wird es schwierig. Und setzt sich die neue Frau dann bereitwillig auf den Platz der ersten Ehefrau und verhindert damit, dass sie einen eigenen Platz findet, wird es noch komplizierter. Diese Hintergründe sind meist viel wichtiger als das Problem mit dem Kind, das mir gerade geschildert wird.«

Diese Schuldirektorin fragt dann ohne Umschweife: »Sind Sie seine zweite Frau oder sind Sie seine große Liebe? Hat er mit Ihnen eine ernsthafte neue Beziehung begonnen, mit neuen Mustern, oder will Ihr Partner nur seine gescheiterte Beziehung mit neuer Besetzung weiterleben?« Sehr oft erlebt sie daraufhin, dass die Frauen nicht mehr über die Kinder, sondern über ihre Männer sprechen möchten. Dabei stellte sie fest, dass viele Stiefmütter ein Schicksal erleben wie bei einer Rollenneubesetzung in einer langjährigen Fernsehserie. Erinnern Sie sich an *Dallas*? Miss Ellie, die Clanmutter, wurde eine Staffel lang von Donna Reed statt von Barbara Bel Geddes gespielt. In der Konkurrenzserie *Der Denver-Clan* geschah Vergleichbares, als die Rolle der Fallon Colby erst durch Pamela Sue Martin verkörpert wurde, dann durch Emma Samms. Die Zuschauer waren entsetzt. Nicht etwa, weil eine Darstellerin schlechter spielte als die andere, sondern weil man nun einmal einen Menschen nicht durch einen anderen ersetzen kann. Aber genau das erlebt Gabi Bunker häufig.

»Sie glauben nicht, wie viele Männer hier in einem Jahr mit der einen Frau vor mir sitzen und im nächsten oder übernächsten mit der zweiten. Geändert hat sich vielleicht die Optik der Frau, aber der Mann und sein Verhalten, sein Anspruch an die Frau, all das ist gleich geblieben. Und viel zu viele Frauen gehen darauf, zumindest anfänglich, bereitwillig ein. Die fragen mich dann so, als ob das Kind des Mannes auch ihr Kind sei. Als ob ich mir nur einbilden würde, dass im vergangenen Jahr noch eine andere Mutter dort saß. Sie tun das deswegen, weil der Mann es ihnen so vormacht. Der spricht von ›unserem Sohn‹, das ist doch verrückt. Die Frau zuckt vielleicht im ersten Moment leicht zusammen, im Grunde ist sie mit ihrer Rolle als Ersatzmutter aber zunächst ganz zufrieden.«

Es ist also wichtig, wie Männer mit ihrem Scheitern umgehen. Gestehen sie sich ein, dass sie Schiffbruch erlitten haben? Dass die Visionen und Träume, die sie mit ihrer ersten Frau hatten, missglückt sind? Die Schuldfrage ist dabei zweitrangig, entscheidend ist, ob die Männer sich eingestehen können, dass die erste Ehe misslang! Nur dann hat die zweite Frau eine Chance auf einen Neuanfang.

Viele Männer verdrängen ihre Trauer um den Verlust der Ehe, wandeln sie in Wut um, schimpfen zum Beispiel über die finanziellen Zuwendungen an die Ex – und vergessen darüber ihre eigenen Ziele. Gabi Bunker: »Die Männer hatten doch auch einmal einen Lebensplan, oft war das aber gar nicht der Plan, den sie mit der Exfrau gelebt haben. Das alte Leben entsprach vielleicht mehr den Vorstellungen der ersten Frau. Trotzdem wollen sie jetzt dieses Lebensmuster mit der neuen Frau fortsetzen. Das ist eine Falle, in die viele Männer und mit ihnen die neuen Frauen laufen. Sie leben ein Leben, das womöglich gar nicht ihren ursprünglichen Vorstellungen entspricht, weigern sich aber, das in Frage zu stellen. Stattdessen wäre es besser, zusammen mit der zweiten Frau neue gemeinsame Visionen zu entwickeln.«

Für die zweite Frau ist das mehr als schwierig. Sie kann sich ja nicht von dem Mann trennen, nur damit er Gelegenheit zur Trauer über die vorhergehende Beziehung bekommt. Was sie aber jederzeit tun kann, ist, ihre Rolle bewusst zu definieren. Damit kann sie der Partnerschaft eine andere Richtung geben. Frauen sind in der Lage, sich klein zu machen, sich zurückzunehmen. Aber sie sind auch in der Lage, zu kämpfen. Sie können beides. Sie haben die Wahl. Wie gesagt, Stiefmutter sein ist nichts für Feiglinge.

Zweite Frauen sollten ihre Partner vielleicht einmal fragen: »Bin ich deine Zweitfrau oder bin ich die Frau deines Lebens? Bist du heimlich immer noch traurig, dass mit der ersten Frau alles vorbei ist, oder hast du eine ganz neue Dimension für dein Leben gewonnen – nämlich mich?« Dazu gehört Mut. Aber es erfordert auch Mut vonseiten der Männer, diese Fragen ehrlich zu beantworten.

Die Geschichte von Christiane und Martin: Ein Leben in der Warteschleife

Christiane hatte immer Angst, dass sie jederzeit für Martins Sohn entsorgt werden könnte. Als sie mir von ihren Erfahrungen als Stiefmutter erzählte, fing sie mit einer langen Vorgeschichte an. Sie wollte mir erklären – ganz typisch für viele Frauen, wie ich nach und nach feststellte –, warum ihr Mann sich so und nicht anders benimmt. »Ich war nicht im Geringsten schockiert, als ich erfuhr, dass er ein Kind hatte. Eigentlich freute ich mich sogar darauf, den Sohn zu treffen. Ich war unvoreingenommen, offen für alles.«

Diese offene Einstellung änderte sich aber bald, denn Christiane wohnte nur am Wochenende mit den beiden zusammen.

»Von Beginn an gab es nur seinen Sohn und ihn, ich war der Gast. Sein Sohn lebte bei ihm und war nur noch ab und zu bei der Kindsmutter. Ich spielte immer die zweite Geige. Der damals neunjährige Sohn bestimmte unseren gesamten Tagesablauf. Alles wurde so gemacht, wie er es wollte, wann er es wollte, solange er es wollte. Der Sohn schrie, Martin sprang. Alles drehte sich nur um ihn, von morgens bis abends. Der Sohn stand um halb neun im Schlafzimmer, um seinen Vater zu wecken, weil ihm langweilig war, danach dominierte er den Tag, bis er nach viel Theater endlich im Bett lag. Wir als Paar waren in dieser Zeit nicht existent. Wir berührten uns nicht und küssten uns schon gar nicht, wenn das Kind in der Nähe war. Der Sohn durfte nicht wissen oder erleben, dass sein Papa noch jemand anderen als ihn liebte. Martin hatte große Angst vor dem Liebesentzug seines Sohnes. Das alles geschah still und leise, als wäre das alles ganz selbstverständlich.«

Ebenso selbstverständlich war, dass Christiane kein Mitspracherecht in der Erziehung hatte. Sie war zwar jedes Wochenende dort und lebte dann zusammen mit dem Kind, allerdings blieben ihre Ideen und Vorschläge fruchtlos. »Ich sprach darüber mit Martin. Der nickte und stimmte mir zu. Am Ende machte er dann aber doch alles so, wie er es für richtig hielt. Ich war kein Teil dieses Gespanns, Vater und Sohn lebten in ihrem hermetisch abgeschlossenen Vakuum, in dem nur sie beide existent waren.«

Dabei hatte es Christiane anfangs gefallen, sich um den Sohn zu kümmern! Sie genoss es sogar und machte sich viele Gedanken um das Kind. Um sein Wohlbefinden, sein Verhalten ihr gegenüber, ihr Verhalten ihm gegenüber, sie wollte, dass alles gut verlief. »Aber schnell erkannte ich, dass es kein Wir gab.

Daraufhin änderte sich meine Gefühlswelt. Ich wollte nichts mehr von dem Kind wissen.«

Ob Martin wohl ahnt, dass Christiane so dachte? Und dass er durchaus einen Anteil daran hatte? Martins Sohn und Christiane mochten sich zu Beginn sehr. Er war zugänglich, suchte ihre Nähe. Mit ihm allein hätte sie wunderbar zurechtkommen können. Allerdings waren sie nie allein. »Wann immer wir anfingen, etwas zu zweit zu spielen oder Hausaufgaben zu machen, war Martin bald bei uns und wir machten es zu dritt. Irgendwann stand ich dann auf und ging in ein anderes Zimmer, da Martin es nicht ertragen konnte, wenn er bei seinem Sohn nicht das Zepter in der Hand hatte. Dadurch änderte sich mein Verhalten gegenüber seinem Sohn. Ich wurde kühler, distanzierter und sicherlich auch ein wenig feindselig. Und sein Sohn reagierte darauf mit ähnlichen Reaktionen. So verhärteten sich die Fronten, und wir wollten und konnten nicht mehr miteinander.«

Christiane beschloss, ähnlich wie Simone, Martin nur noch zu sehen, wenn sein Sohn bei der Mutter war. Dazu sagte er nicht viel, er akzeptierte sofort. »Das war unser generelles Problem – ich machte mir Gedanken um alles, sah die Probleme und bot Lösungen an. Aber von ihm kam nie etwas – weder ein eigenständiger Vorschlag noch eine Hilfe zur Lösung meiner Schwierigkeiten.« In der Folge hielt Christiane sich fast zwei Jahre von seinem Sohn fern, bis diese strikte Trennung in »eure Welt, unsere Welt« sie fertigmachte. Beide beschlossen, es noch einmal gemeinsam zu versuchen. »Mittlerweile ist es lockerer. Sein Sohn ist nun aber auch fünfzehn und nicht mehr wie früher den ganzen Tag im Wohnzimmer, in der Erwartung, unterhalten zu werden. Er ist öfter in seinem Zimmer, und wir haben mehr Zeit als Paar. Er ist auch nicht mehr eifersüchtig, und wir können uns problemlos vor ihm küssen oder berühren, ohne dumme Kommentare oder Blicke einzuheimsen.«

Natürlich habe ich Christiane gefragt, warum sie das alles überhaupt so lange mitgemacht habe. Sie gab mir die Antwort, die ich schon mehrmals gehört hatte. »Unsere Paarbeziehung war immer äußerst harmonisch und liebevoll. Ich glaube, das ist die liebevollste Beziehung, die ich je hatte. Sie ist geprägt von Verständnis, Gefühl und einem ähnlich hohen Nähebedürfnis. Wir haben viele gemeinsame Interessen, Vorlieben und Abneigungen und teilen dieselben Werte. Die Probleme, die wir haben, sind kaum der Rede wert. Die Grundpfeiler unserer Beziehung stimmen. Gäbe es das Stiefkind nicht, würden wir zusammenleben, würden vielleicht über Kinder nachdenken oder hätten schon geheiratet.«

Die problembehafteten Jahre sind nicht ohne Folgen für Christiane geblieben. »Ich habe kaum einen Kinderwunsch, weil ich sehe, wo einen das hinführt. Heiraten muss ich auch nicht unbedingt, weil der Zauber, den eine Ehe für mich hatte, längst dahin ist. Martin war schon verheiratet, er hat mit einer anderen ein Kind bekommen, hat das alles schon erlebt. Es hat nichts Neues, was man gemeinsam zum ersten Mal erleben kann. Wäre er verheiratet gewesen, aber ohne Kind geblieben, wäre es etwas anderes. Dann hätte ich das noch als mein eigenes Refugium gehabt. Aber so ist alles, was ein Familienleben für mich ausmacht, für ihn nichts Besonderes mehr. Das ist ein komisches Gefühl. Ich fühle mich eigentlich als nichts Besonderes. Und wenn ich ehrlich bin, schreckt mich sein Verhalten seinem Sohn gegenüber auch ab. Was wäre denn, wenn er sich einem gemeinsamen Kind gegenüber auch so untertänig verhalten würde? Ich sollte meinem Kind doch ein Vorbild sein, kein Diener.«

Christiane war übrigens zweiundzwanzig, als sie Martin kennenlernte, er deutlich älter. »Vielleicht hat mein Traum von einer heilen Familie auch etwas mit meinem Alter zu tun gehabt, mit zweiundzwanzig hat man noch naivere Vorstellungen von der Zukunft. Als ich älter wurde, begrub ich dieses Ideal dann. Was mich heute bei Martin hält, ist die Liebe zu ihm. Und die Zeit, die wir als Paar zusammen erleben. Dann denke ich nicht an diese widrigen Umstände, sondern bin glücklich. Größtenteils. Zum Grübeln komme ich meist dann, wenn ich allein bin. Diese letzten Jahre haben mich sehr geschlaucht.«

Hatte sie sich Martin zu sehr untergeordnet, hatte sie sein Leben mit seinem Sohn als wichtiger angesehen als ihr eigenes Leben und die Beziehung? Christiane wich mir bei diesen Fragen aus. »Ich weiß es nicht. Ich will auch nicht darüber nachdenken. Nach wie vor sind wir keine Familie. Wenn ich bei den beiden bin, fühle ich mich wie ein Gast in einer WG. Ich weiß nicht, ob es gut gehen wird, wenn ich jetzt bei Martin einziehe, solange der Sohn noch dort wohnt – da habe ich große Bedenken. Aber ich versuche es jetzt. Mehr als schiefgehen kann es ja nicht.«

Das Bild, das ich von Christiane und ihrem Leben als Stiefmutter hatte, kam mir durch die vielen Details, die ich mir selbst zusammensetzen musste, äußerst seltsam vor, auch widersprüchlich. Offensichtlich bespricht Martin alles mit ihr, stimmt ihren Ideen zu, macht dann aber, wenn es um seinen Sohn geht, immer nur das, was der Sohn möchte. Und anschließend wundert er sich, wenn Christiane wütend ist. Was ist das denn für ein Verhalten? Welchen Wert misst er der Beziehung bei? Hat er Angst vor einer Auseinandersetzung mit seinem Sohn? Wie will er den auf ein eigenbestimmtes Leben vorbereiten, wenn er nie Auseinandersetzungen mit ihm führt?

Von Vätern und Kollegenschweinen

Wie nennt man eigentlich solche Väter, die die Autorität der Stiefmutter regelmäßig untergraben? Die der Vizemutter in den Rücken fallen, gemeinsam besprochene Regeln oder Abmachungen sofort »vergessen«? Die womöglich noch nicht einmal dann eingreifen, wenn ihre Frau vom Kind beleidigt oder angegriffen wird, sondern das kindliche Fehlverhalten stets verteidigen und schlimmstenfalls die Vizemutter als Schuldige darstellen? Im Büro würde man so jemanden »Kollegenschwein« nennen.

Ein Kollegenschwein ist, wer Arbeit auf andere abwälzt, aber das Lob des Chefs selbst einheimsen möchte. Jemand, der die Position des Kollegen sofort untergräbt, wenn er meint, es nütze ihm. Jemand, der den Kollegen ohne Hemmungen bloßstellt. Jegliches Teamwork den eigenen Interessen oder Bedürfnissen unterstellt. Ein Kollegenschwein ist in der Regel ein Schleimer, der hofft, mit dieser Art beim Chef Punkte sammeln zu können. Der Chef allerdings lacht insgeheim meist über solche Mitarbeiter. Er nutzt sie für seine Zwecke, Anerkennung zollt er ihnen für ihr hinterhältiges Verhalten aber nicht.

Ich kenne eigentlich niemanden, der solche Menschen im Büro in seiner Nähe haben möchte. In der Regel wird so ein Mensch von seinen Kollegen auch mit der Zeit ins Abseits gestellt. Bestenfalls amüsieren sich die andern gemeinsam über die schnell durchschaubaren Anbiederungsversuche. Stiefmütter, die mit einem Mann zusammen sind, der so ein Verhalten an den Tag legt, haben aber keine Verbündeten.

Christiane hatte mir ein Beispiel genannt: Sie waren alle zusammen einkaufen. Morgens hatten sie gemeinsam mit dem Sohn beschlossen, eine Suppe zu kochen, sogar zu dritt die Zutaten ausgewählt. Mittags weigerte sich der Junge die Suppe zu essen. Was machte Martin? Der tröstete seinen Sohn und fragte Christiane nur, warum man eigentlich keine Nudeln gemacht hätte. Die würde der Sohn doch sowieso viel lieber essen. Ist Martin in der Beziehung ein Kollegenschwein?

Er ist nicht der einzige Mann, der glaubt, durch die Verbrüderung mit seinem Sohn gegen die Stiefmutter Punkte beim Kind sammeln zu können. Seine Frau ist ihm in dem Moment egal. So wie es dem Kollegen, der beim Chef schleimt, auch schnuppe ist, wie das bei den anderen ankommt. Ich höre gerade die Aufschreie der Männer. Man könne doch Äpfel nicht mit Birnen vergleichen, oder etwas in der Art. Doch – ich vergleiche das einfach mal.

Mit einem Kollegen arbeitet man im Team, jeder ist ab und an auf den anderen angewiesen, jeder hilft dem anderen auch mal, wenn der etwas verbockt hat. Genauso ist es in einer guten Partnerschaft. Die Stiefmutter wechselt zum Beispiel ihre Schicht um das Kind betreuen zu können, wenn der Vater im Büro einen wichtigen Termin hat. Der Vater klärt seinerseits Dinge, die das Besuchskind betreffen, vorab mit ihr, bevor er mit der Mutter oder dem Kind spricht. So funktioniert es zusammen, ob im Job oder in der Partnerschaft. Eine Vizemutter, deren Mann ihr ständig in den Rücken fällt, um es seinem Kind recht zu machen, wird irgendwann aufhören, eine Partnerin zu sein. Sie wird ihre Schicht nicht mehr tauschen, wenn er wichtige Termine hat, sie wird vielleicht nicht einmal mehr für sein Kind kochen, weil sie zu oft erlebt hat, dass ihr Essen sowieso – mit Zustimmung des Vaters – nicht gegessen wird.

Ist das eine gute Lösung? Ja, wenn es kurzfristig dazu führt, dass der Vater aus seinem Verhalten lernt – nein, wenn es zur Dauerlösung wird. So, wie Chef und Kollegen zusammengehören, nur alle gemeinsam einen funktionierenden Betrieb ergeben, gehört auch das Kind zum Leben von Vater und Stiefmutter. Alle gemeinsam sind die Familie. Kocht jeder sein eigenes Süppchen, geht es schief. Im Büro wie in der Familie. Garantiert!

Christianes Situation erschien mir fast aussichtslos. Zugleich bewunderte ich sie für ihren Mut, dass sie nach fünf Jahren Fernbeziehung zu Martin und seinem Sohn ziehen will. Sie hat große Angst davor, dass die Beziehung dabei zerbricht, aber ihr ist klar, dass ein »Leben in der Warteschleife«, wie sie es selbst nennt, auch keine Erfüllung bringt. »Irgendwann möchte ich doch eine Familie mit Martin gründen und auch ein eigenes Kind haben. Und davor möchte ich eine Zeit lang mit ihm zusammengelebt haben. Ich weiß noch nicht, wie das aussehen wird, aber ich möchte herausfinden, wie das ist – mit uns dreien. Nach fünf Jahren will ich auch endlich mit unserer Beziehung weiterkommen. Ich will die Ferne nicht mehr, ich will, dass wir endlich richtig zusammen sind. Dazu muss ich herausfinden, wie ein gemeinsames Leben mit einem Stiefkind ist. Und ob ich das tatsächlich will. Ansonsten muss ich eine andere Lösung finden.« Ich drücke Christiane die Daumen, sehe aber auch, dass Martin in keiner einzigen Situation, die sie mir schilderte, zu ihr gehalten hatte. Entweder vertrat er gar keine Meinung, oder er stimmte ihr zwar zu, handelte aber entgegengesetzt. Er wich jeder Konfrontation aus. Dabei sei er im Job laut Christiane »knallhart« und würde mit Großkunden um Centbeträge feilschen.

Was mag der Grund für Martins Verhalten sein? Ist es Unsicherheit? Wovor hat er Angst? Seinen Sohn teilen zu müssen? Das ist irrational. Die Beziehung der Stiefmutter zum Kind läuft ja, wie erwähnt, über Bande – also über den Vater. Gibt es für ihn nur den knallharten Businessmann oder den nachgiebigen Schmuse-Papa? Nichts dazwischen? Überwiegt bei ihm der Wunsch nach Anerkennung – ohne Rücksicht auf Verluste? Vergisst er dabei komplett die Bedürfnisse seiner Partnerin? Ein moderner Vater zu sein bedeutet doch noch lange nicht, seinem Kind alles durchgehen zu lassen und ihm alle Wünsche zu erfüllen. Die Männer von heute möchten es besser machen als ihre Väter, die damals lieber arbeiteten und oft nur sporadischen Kontakt zu ihren Kindern hatten. Aber das heißt doch nicht, dass das Ruder um 180 Grad herumgerissen werden muss und Väter plötzlich die besseren Mütter werden müssen. Die Väter von gestern haben den Stiefmüttern noch alle Verantwortung überlassen, heute trauen sie den Frauen nichts mehr zu? Geben ihnen nicht einmal ein Mitspracherecht, sondern nutzen sie als billigen Sündenbock? Es muss auch einen Mittelweg geben. Vom Fahrrad steigt man doch auch nicht direkt auf einen Formel-1-Wagen um.

Von den Vorsprüngen der Frauen in Sachen Erziehung

Manchmal wäre ich keineswegs abgeneigt, der einen oder anderen werdenden Mutter eine Ausbildung im Muttersein anzuraten. Aber darum geht es mir hier nicht. Fakt ist, dass Frauen über Jahrtausende hinweg für die Erziehung der Kinder verantwortlich waren, Männer dagegen nicht. Über lange Zeit war somit das Engagement von Müttern und Vätern für das Kind komplett unterschiedlich. Schnell landen wir dann wieder in der Steinzeit: Der Vater sichert das Auskommen, indem er auf die Jagd (zur Arbeit) geht, während die Mutter zu Hause das Feuer (den Herd) bewacht, Erziehungsarbeit leistet und die sozialen Kontakte pflegt.

Auch in unserer heutigen Gesellschaft hat sich das nicht wirklich grundlegend geändert. Positionen haben sich verschoben, es gibt Ausnahmen, dennoch hat sich kulturell in der Frau das Erzieherische verankert. Auf der Jagd durften Männer nicht viel kommunizieren, die anvisierte Beute wäre ihnen sonst entkommen. Wahrscheinlich nehmen Männer deshalb oft wortlos etwas hin, wenn sie etwas stört, während Frauen vollkommen anders reagieren. Sie beachten Kleinigkeiten, haken nach, wiederholen, werden nicht müde, immer wieder auf die gleichen Dinge hinzuweisen. All die Cartoons und Witze über die plappernde Ehefrau, die beim Frühstück dem schweigsamen Zeitungsleser gegenübersitzt, entstammen ja nicht der Fantasie eines Zeichners, sie sind – überspitzt – aus dem wahren Leben gegriffen. Viele der Eigenschaften, die Männer an Frauen nerven, sind für die Kindererziehung durchaus wichtig. Stets auf die gleichen Dinge hinweisen, zum Beispiel. Genau dieses hartnäckige Wiederholen ist für Kinder wichtig. Nur wenn ein Wort permanent wiederholt wird, kann das Kind es irgendwann einmal aussprechen.

Jeder Lehrer in der Schule wiederholt, verbessert wieder und wieder die Fehler. Würde er vor der Klasse stehen nach dem Motto: »Ich habe das doch schon erklärt, das muss reichen«, gäbe es kaum Fortschritte. Womit ich jetzt keineswegs behaupten will, dass Frauen durch ihre Fähigkeit zur Wiederholung per se die besseren Erzieher sind, ich bin selbst bei meinem Vater aufgewachsen und hatte harte Diskussionen mit ihm über seinen Erziehungsstil, der alles andere als antiautoritär war. Aber Frauen registrieren gewisse Dinge leichter, manches erfolgt bei ihnen automatisch, eben ganz von selbst, was Beziehungsarbeit betrifft (die eben auch Kinder einschließt).

Von den meisten Männern wird die Frage: »Was hast du denn? Sag schon, ich spüre doch, dass da etwas ist« als nervig empfunden. Aber kann diese Frage nicht auch eine große Hilfestellung sein? Etwa wenn eine Frau zu einem Kind sagt: »Du hast doch was auf dem Herzen, ich spüre das.« Oft ist das Kind dann erleichtert. Leider hat die Evolution bisher vergessen, den Frauen ein Gen mitzugeben, das anzeigt, wann ihre Intuition gefragt ist und wann nicht.

Männer werden immer noch weitgehend so erzogen, dass sie keine Emotionen zeigen dürfen. Das wird als Schwäche ausgelegt. Sie haben sich kulturell als Problemlöser definiert. Frauen haben sich dagegen als Hüterinnen der Familie (und des Feuers) über ihre Beziehungen definiert, sie waren von Anfang an die »Sozialarbeiterinnen« innerhalb der Gemeinschaft. Folglich spüren Frauen Emotionen in vielen Fällen eher als Männer, was entscheidend war, um ihre Kinder gut zu beschützen. Ihnen wird ein siebter Sinn nachgesagt, eine Ahnung, ein Gefühl für das Wohlergehen ihres Gegenübers. Das hat ihnen über Jahrtausende bei der Aufzucht ihrer Kinder geholfen. Männer dagegen finden mühelos im Wald den Rückweg beim Spaziergang, während Frauen hier hilflos herumirren. Unsere Talente sind nun einmal nicht gleich verteilt, daran ändert auch die Genderdiskussion nichts.

Anders gesagt: Der *Homo sapiens* existiert seit rund 200 000 Jahren, und erst seit ungefähr dreißig, vierzig Jahren machen Männer freiwillig bei der Nachwuchsfürsorge mit – da kann man kaum erwarten, dass sie alles gleich im Griff haben.

Wäre es so schlimm für Männer, zu akzeptieren, dass sie eine Fachfrau an ihrer Seite haben? Anstatt sie zu ignorieren oder ihr schlechte Absichten zu unterstellen, könnten sie versuchen, ihr Talent zu nutzen, ihren Rat und Input ernst zu nehmen. Findet ein Vater es nicht richtig, was die Stiefmutter sagt, kann er das zum Ausdruck bringen, aber er sollte sie und ihre Ansichten nicht ignorieren.

→ Tipp von einem Fachmann

Dieter Bonk, ein pensionierter Hamburger Jugendamtmitarbeiter, der für Trennungen und Scheidungen zuständig war, meint, dass wichtige Gespräche mit den Kindern immer im Beisein der Stiefmutter geführt werden sollten. Wenn es beispielsweise um Besuchswochenenden geht, die Finanzierung eines Studiums oder die Berufswahl. Nur dann erkennen die Kinder, dass Vater und Stiefmutter eine Einheit sind und sie keine Chance haben, sich quer zu stellen.

Fragen an die Männer

Einige Stiefmütter baten mich, einen Fragenkatalog auszuarbeiten, der ihnen helfen könnte, ihren Männern die eigenen Probleme besser zu verdeutlichen. Sie waren der Meinung, wenn er von mir käme, würden sich ihre Männer durch die Distanz eher mit den Schwierigkeiten auseinandersetzen. In Klammern habe ich Zitate von Stiefmüttern gesetzt, die ich öfter gehört habe und die mich zu der Frage brachten:

- *Wie kommen Sie auf die Idee, dass Ihrer Frau ein Stiefkind wichtiger sein müsste als eigene Kinder?* (»Mein Mann erzählt mir, ein eigenes Kind wäre finanziell nicht möglich, verwöhnt aber gleichzeitig seine Kinder mit teuren Extras.«)
- *Warum weigern Sie sich mit allen Kräften, am Ist-Zustand eines Kinderzimmers zu rütteln, das kaum Verwendung findet?* (»Ich bin im achten Monat schwanger, und mein Mann widersetzt sich hartnäckig, das Kinderzimmer, das nur alle zwei Wochen von seinem Sohn benutzt wird, umzuräumen. Dafür wäre noch genug Zeit, meint er, man solle nichts überstürzen, das Kind könne ja erst einmal im Schlafzimmer unterkommen. Er hat Angst, etwas zu verändern, er will noch nicht einmal Möbel für das Baby kaufen. Und ich bin die Böse, wenn ich darauf bestehe, dass sein Sohn sich an die neuen Umstände anpassen müsse. Am liebsten wäre es meinem Mann, wenn alles bleibt, wie es ist. Aber wo soll das Baby denn hin? Unters Bett?«)
- *Warum erwarten Sie Unterstützung und Verständnis dafür, dass Sie Ihre Frau am Wochenende, wenn Sie zu den Kindern*

fahren, allein lassen und anschließend noch mit schlechter Laune heimkehren? (»Jedes zweites Wochenende ist mein Mann bei seinen Töchtern und der Exfrau. Sie sind umgezogen und wohnen nun 350 Kilometer entfernt. Samstagmorgen um halb sechs fährt er los, am Sonntag kommt er erst spät wieder. Und zwar mies gelaunt. Von den hohen Kosten für Benzin und der Übernachtung im Hotel will ich gar nicht reden. Ich arbeite im Schichtdienst, und die Besuche bei seiner Tochter machen mir meine kostbaren Wochenenden mit ihm kaputt. Bei seinen Kindern reißt er sich zusammen, bei mir lässt er seine Wut heraus. Er versteht mein Problem nicht, wir diskutieren jedes Mal.«)

- *Wieso denken Sie, dass Ihre Frau es prima findet, nachts immer wieder von Ihrem Kind geweckt zu werden?* (»Mein Freund ist selbstständig und fast nur am Arbeiten. Wenn er nicht arbeitet, ist sein Sohn da. Der war es gewohnt, im Ehebett auf der freien Seite bei seinem Vater zu schlafen, und zog ein Drama ab, als bei ihm auf einmal ein Bett im Kinderzimmer stand. Seitdem steht der Zwerg nachts vier-, fünfmal bei uns im Schlafzimmer und will irgendetwas. Mein Freund wird davon selten wach, und wenn, dann bringt er den Kleinen wieder in sein Bett, dreht sich um und schläft weiter. Ich liege aber die halbe Nacht wach, kann nicht schlafen und bin bei jedem Geräusch sofort wach. Reden will mein Freund aber nicht mit seinem Sohn.«)

- *Wieso überlassen Sie schwierige oder unangenehme Situationen Ihrer Frau, machen ansonsten aber die Schotten dicht?* (»Seine Tochter hat jede Nacht, wenn sie bei uns war, ins Bett gemacht. Ich habe dann die Wäsche gewechselt und ihr einen neuen Schlafanzug gegeben; er konnte das nicht. Ich bin auch zu einem Psychologen gegangen. Der sagte mir, das Bettnässen sei eine Altersregression, die Kinder würden ins Babyalter zurückfallen, weil sie die Geborgenheit dieser Zeit bräuchten. Das wäre eine Reaktion aus dem Unterbewusstsein und würde von der Kleinen nicht bewusst gesteuert werden. Der Psychologe gab mir den Rat, Gute-Nacht-Geschichten für die Tochter zu erfinden, in denen sie eine Heldin ist und total stark. So à la Pippi Langstrumpf. Das würde ihr Geborgenheit geben und ihr Selbstbewusstsein stärken. Das habe ich dann auch gemacht, und nach einem halben Jahr waren echte Fortschritte zu spüren. Aber mein Mann war mir dabei keine Hilfe, er konnte mit diesem Problem seiner Tochter nicht umgehen.«)

- *Wieso ist Ihnen Geld egal, wenn es eine Auseinandersetzung darüber mit der Exfrau gibt?* (»Wir haben mein Stiefkind fast zwei Drittel des Monats bei uns. Trotzdem zahlt mein Mann seiner Ex den vollen Unterhalt. Er hat Angst, würde er daran rütteln, würde sie ihm das Kind nicht mehr geben.« Ein anderes Beispiel: »Mein Stiefsohn lebt seit drei Jahren bei uns, aber seine Mutter zahlt keinen Unterhalt. Sie behauptet, sie hätte kein Geld. Als der Sohn noch bei ihr lebte, hat sie sogar beim Familiengericht einen Unterhaltstitel gegen meinen Mann verhängen lassen, damit sofort sein Gehalt gepfändet werden konnte, falls er mal nicht zahlen sollte. Dabei hat er das immer getan. Das Gesetz ist so, dass der Unterhaltsberechtigte einen Titel bekommen kann, egal ob man zahlt oder nicht. Seine Exfrau selbst fühlt aber keine Verpflichtung. Und mein Mann

will sie darauf nicht ansprechen. Aus Angst, sie würde das Kind dann wieder zurückholen.«)
- *Wieso glauben Sie, dass Ihre Frau die Einzige ist, die ein Problem mit einem Stiefkind hat?* (»Mein Freund behauptet steif und fest, ich würde mich anstellen. Andere Frauen würden das gut mit den Kindern hinbekommen, völlig ohne Eifersucht. Von wegen! Seit einigen Monaten bin ich in einer Stiefmuttergruppe im Internet. Keine Frau dort ist nur glücklich. Manche haben sich nach vielen Jahren in die Situation eingelebt, aber schwierig ist es überall.«)

Die Geschichte von Mia und Hans: Seine Kinder und das Oktoberbaby

Mia ist Mitte dreißig und glücklich, dass sie es geschafft hat, zur Ex ihres Mannes Hans, Anfang vierzig, ein gutes Verhältnis aufzubauen. Seine beiden Töchter aus erster Ehe mögen Mia sehr, und Hans hat bei seinen Töchtern nie ein Verwöhnprogramm gestartet, sondern ist trotz der Stellung als Wochenend-Papa konsequent geblieben. Ein Traum, werden sich viele Stiefmütter jetzt denken. »Die Mädchen waren auch nie gemein oder hinterhältig zu mir. Die sind wirklich in Ordnung. Trotzdem war es schwierig, wenn zwei Kinder, die nicht die eigenen sind, jedes zweite Wochenende mit im Haus sind. Alles musste dann auf ihre Bedürfnisse eingerichtet werden, und wir, die wir frisch verliebt waren, konnten unsere Wochenenden eben nicht wie frisch Verliebte verbringen.«

Dann zogen die Mädchen mit ihrer Mutter ins Ausland, was die Besuchsfrequenz beim Vater senkte. Heute kommen die Kinder nur noch in den Ferien. »Hans vermisst seine Mädchen, das merke ich ganz deutlich. Er hätte sie lieber mehr in seiner Nähe. Ich persönlich bin gar nicht so unglücklich über die Situation, auch wenn ich die beiden Mädchen mag. Aber so sind wir freier als Paar, haben auch mehr Raum für uns als Familie, wenn demnächst unser Kind auf der Welt ist.« Mia ist eine Stiefmutter, die sich viele Gedanken macht, damit alle glücklich sind. Sie hat sogar auf die Hochzeitsreise verzichtet, stattdessen waren die Töchter von Hans bei ihnen zu Besuch. Und auch die Verkündung ihrer Schwangerschaft wurde generalstabsmäßig vorbereitet.

»Mein Mann und ich haben lange überlegt, wie wir es den Kindern sagen und welche Rolle dabei die Ex spielen soll. Letztlich haben wir uns entschieden, zuerst die Ex darüber zu informieren, damit sie die Möglichkeit hat, sich darauf einzustellen und gegenüber den Kindern adäquat zu reagieren. Sie verhielt sich großartig. Sie hat sich für uns und mit uns gefreut und vor allem mir die Angst vor dem Verhalten der Kinder genommen. Ich war mir nämlich nicht sicher, wie die die Nachricht aufnehmen würden. Es hätte ja sein können, dass sie eifersüchtig sind oder sich zurückgesetzt fühlen. Aber das Gegenteil war der Fall: Sie waren hellauf begeistert, freuten sich sehr auf ein Geschwisterchen und reden nur noch davon.«

Eitel Sonnenschein war angesagt. Trotzdem tauchte da ein Problem auf. Mias Geburtstermin für ihr erstes Kind wurde für Oktober ausgerechnet, genau in den Herbstferien. Die verbringen die Mädchen immer beim Vater. Dieses Mal will Mia eigentlich nicht, dass die Kinder kommen. Ihr ist das zu viel Unruhe, zu wenig Zweisamkeit. Ihr Wunsch ist es, die ersten Tage mit dem Baby ganz allein mit ihrem Mann genießen zu dürfen. Das wäre jedoch nicht möglich, wenn seine beiden Töchter da sind. Aber alle in ihrem Umfeld hatten nun Angst, dass die beiden Mädchen traumatisiert werden und sich wegen des Babys »ausgeschlossen« fühlen könnten, sollten sie in den Ferien nicht zum Vater kommen dürfen. Mia kam sich vor, wie in einem schlechten Film. Alle redeten auf sie ein, es sei unglaublich wichtig, auf die Mädchen Rücksicht zu nehmen und ihnen zu zeigen, dass sie ihren Vater durch das Baby nicht verlieren. Auf Mia und ihre Wünsche wollte allerdings niemand Rücksicht nehmen.

Sie schlug alle möglichen Kompromisse vor, die Mädchen dürften da sein, solange das Baby noch nicht auf der Welt ist, dann aber müssten sie zu den Großeltern wechseln. Die waren sogar gern bereit, die Mädchen nach der Entbindung zu sich zu holen. Aber weder die Ex noch ihr Mann waren mit dieser Lösung zufrieden. Immer wieder wurde Mia gesagt, in einer normalen – also intakten – Familie würde man die Kinder doch auch nicht einfach wegorganisieren. In sämtlichen Diskussionen ging es ausschließlich um das Seelenwohl der beiden Kinder, nie um das von Mia. Das Recht auf Privatsphäre, auf Intimität, das jeder Frau bei ihrem ersten Kind eingeräumt wird, sollte bei ihr entfallen – weil sie ja Stiefmutter ist.

Mia bringt ihre Wut auf den Punkt: »Ganz ehrlich: Wann ging es eigentlich mal um mich? Es sind nun einmal nicht meine Kinder, und ich bin naturgemäß diejenige, die entbindet. Nicht mein Mann. Wenn der entbinden würde, könnten die Kinder meinetwegen kommen. Aber hier geht es ausnahmsweise mal um mich. Hier hab ich zu entscheiden. Trotzdem hab ich ein schlechtes Gewissen. Das nervt mich noch viel mehr.«

Eine typische Situation. Mutter und Vater sind so davon eingenommen, jeglichen potenziellen Seelenschaden von den Kindern fernzuhalten, dass ihnen überhaupt nicht auffällt, dass sie von einer dritten Person, der Stiefmutter, mehr verlangen, als sie selbst bereit waren zu geben. Hätten Mutter und Vater ihre eigenen Interessen nämlich immer hinter denen der Kinder zurückgesteckt, wären sie heute nicht geschieden. Dann wären sie noch verheiratet – der Kinder wegen, wie es so schön heißt. Und wäre die Ex mit den Kindern nicht weggezogen, würde die Ferienproblematik überhaupt nicht existent sein. Außerdem – was ist denn so schlimm daran, wenn die Kinder zum Teil bei den Großeltern sind? Als mein Bruder auf die Welt kam, wohnte ich auch einige Tage bei meinen Großeltern. Und mehrere Cousinen und Cousins schliefen bei uns, als ihre Geschwister geboren wurden. Ich weiß, der Spruch: »Bei uns ging das damals auch und wir sind trotzdem groß geworden« ist total spießig, aber ist er deswegen falsch?

Die Geschichte von Julia und Jan:
»In unserer Wohnung gibt es Geisterzimmer,
nur für unser Baby ist kein Platz«

Als Julia und Jan sich kennenlernten, erzählte er ihr von seinem Sohn und seiner Tochter. Jan wollte keine Heimlichkeiten, überhaupt in der neuen Beziehung alles anders machen, offen sein und nicht mehr so wortkarg wie früher. Julia gefiel das gut, sie hatte sich immer eine große Familie gewünscht und war daher offen für seine Kinder. Es dauerte allerdings ein halbes Jahr, bis sie sich erstmals begegneten. Der Grund dafür war weniger eine Vorsichtsmaßnahme, sondern mehr die Probleme mit der Mutter der Kinder. Jan war mit ihr nicht verheiratet, er zahlte zwar Unterhalt für die Kinder, seiner Ex aber nichts. Das musste er auch nicht, doch sie sah das anders und erpresste ihn. Wollte er seine Kinder sehen, musste er oft zusätzlich zahlen. Und nachdem sie von Julia erfuhr, wurde es noch schlimmer. »Einmal sollten die Kinder übers Wochenende kommen, Jan war schon die 150 Kilometer gefahren, um sie abzuholen, kehrte aber ohne sie zurück. Seine Ex hatte gesagt, die Kinder dürften nur mit, wenn er ihr das Geld für ein Jahr Fitnessstudio in bar geben würde. Sie würde ihn auch zum Geldautomaten begleiten. Da ist er wieder nach Haus gefahren.«

Danach informierte sich Jan bei einem Rechtsanwalt, was er dagegen unternehmen könne. Er hatte ja ein Umgangsrecht. »Aber was soll er machen, wenn sie einfach nicht öffnet? Soll er die Kinder von der Polizei holen lassen? Also gab es immer wieder Wochenenden, an denen die Kinder nicht mitdurften oder angeblich nicht mitwollten. Durchschnittlich waren sie maximal einmal monatlich bei uns.«

Julia und Jan zogen zusammen, zwei Jahre später heirateten sie, wenige Monate danach wurde sie schwanger. Beide freuten sich riesig auf das Baby. »Ich bin neununddreißig, mit einer Schwangerschaft hatte ich kaum noch gerechnet. Auch seine Kinder nahmen es positiv auf. Sie waren ein Wochenende später bei uns, und wir haben es ihnen gleich erzählt.«

Das Paar wohnt in einer Fünfzimmerwohnung. Bislang war die Aufteilung so: Es gab ein Schlafzimmer, ein Wohnzimmer, ein Büro für Julia, die von zu Hause aus arbeitete, und je einen

Raum für Jans Kinder. »Ich bin davon ausgegangen, dass seine Kinder sich jetzt ein Zimmer teilten und unser Baby das andere Zimmer erhält. Aber Jan wollte davon nichts wissen. Er hatte Angst, seine Kinder würden dann nicht mehr zu uns kommen wollen, und meinte, es wäre doch völlig okay, wenn das Baby bei uns im Zimmer schlafen würde.«

Julias Bauch wuchs, sie kaufte alle notwendigen Babysachen, auch eine Wickelkommode und einen Schrank. Die Möbel stellte sie in das kleinere Kinderzimmer. »Als Jan das sah, brach er einen Riesenstreit vom Zaun. Sofort wollte er alle Sachen aus dem Zimmer räumen. Ich habe das überhaupt nicht verstanden. Er war der Meinung, man könne seinen Kindern nicht zumuten, ihre Zimmer zu teilen. Zu dem Zeitpunkt waren seine Kinder schon zwei Monate nicht mehr bei uns gewesen, die Mutter schob immer irgendwelche fadenscheinigen Gründe vor, warum das Besuchswochenende ausfallen musste. Ich hatte also zwei Geisterzimmer in unserer Wohnung, aber für mein Baby gab es keinen Platz.«

Julia war auf einer Wut-Skala von null bis zehn bei fünfundzwanzig angelangt, als sie eines Abends beobachtete, wie Jan die Babysachen in ihr Büro trug. »Er war doch tatsächlich der Meinung, dass die Wickelkommode hinter dem Drucker und neben dem Aktenregal einen guten Platz hätte. Von dem Büro-Smog einmal ganz abgesehen, ich hätte mich in dem kleinen Raum nicht einmal mehr umdrehen können. Und alles nur, damit zwei Zimmer frei bleiben, die nicht genutzt wurden.« Die beiden sprachen darüber, wobei Julia durchaus Verständnis für ihren Mann und seine Gefühle für seine beiden älteren Kinder zeigte. »Ich sah ja, dass es ihn geradezu zerriss, seine Kinder so selten sehen zu dürfen. Aber ich versuchte ihm auch zu vermitteln, dass unser Baby dafür nichts könne. Und es genau den gleichen Anspruch auf ein Reich ohne Computer und Drucker um sich herum hätte wie seine Kinder.

→ **Tipps für Männer**

1. Sie sind Vater, kein Geschenke-Onkel! Ein Vater muss auch Nein sagen können oder ein Fehlverhalten seiner Kinder korrigieren. Das ist Ihr Job. Auch für geschiedene Väter gilt: Erziehung ist kein Wettstreit um die Gunst der Kinder.
2. Ihre Frau oder Lebensgefährtin ist Ihr Partner, nicht Ihr Gegner. Vertrauen Sie darauf, dass sie Sie liebt und für Sie nur das Beste möchte. Das trifft ebenso zu, wenn sie manchmal Kritik an Ihrem Erziehungsstil übt.
3. Keine Entscheidung treffen, sich vor Diskussionen drücken und hoffen, dass sich Dinge von selbst erledigen, hat noch nicht einmal bei Helmut Kohl geklappt. Letzten Endes verärgern Sie damit Ihre Partnerin *und* Ihr Kind und betreiben Raubbau mit Ihrer Energie.
4. Seien Sie ehrlich. Versuchen Sie nicht, Ihrer Partnerin Dinge als Option zu vermitteln, die Sie längst mit Ihren Kindern festgelegt haben.
5. Lassen Sie sich nicht von Ihren Kindern oder Ihrer Ex als Verbündeten gegen Ihre Partnerin einspannen.
6. Halten Sie sich an Absprachen, die Sie mit Ihrer neuen Frau getroffen haben. Erst recht, wenn es um Absprachen im Umgang mit der Ex geht. Stellen Sie sich vor, Ihre Partnerin würde hinter Ihrem Rücken mit ihrem Ex gegen Sie paktieren.

7. Wenn Ihre neue Beziehung etwas über Ihr Kind sagt, was Sie als Angriff empfinden, schalten Sie nicht sofort auf Durchzug. Denken Sie kurz nach und überlegen, wie Sie das Problem aus ihrer Position sehen würden.
8. Bevor Sie explodieren – okay, vielleicht auch erst danach –, fragen Sie sich, ob Sie nicht vielleicht deswegen so wütend geworden sind, weil Ihre Partnerin einen wunden Punkt getroffen hat und Sie sich ertappt fühlen.
9. Hören Sie Ihrer neuen Lebensgefährtin zu, wenn sie über andere Kinder spricht. Wie beurteilt sie Klassenkameraden oder Freunde Ihres Kindes? Stimmen Sie ihr generell in ihrem Urteil zu? Falls Ihre Antwort in Richtung Ja tendiert, ist es wahrscheinlich, dass sie auch Ihr Kind realistisch betrachtet.
10. Wie sehr Sie sich auch auf das Wochenende mit Ihren Kindern freuen, Sie können von Ihrer Partnerin nicht den gleichen Enthusiasmus erwarten. Überlegen Sie: Wie sehr würden Sie sich darauf freuen, am Wochenende stundenlang mit ihr durch Schuhgeschäfte zu bummeln? Vielleicht liegt Ihr Enthusiasmus jetzt auf der gleichen Ebene.
11. Wenn Ihre Lebensgefährtin Sonderausgaben für Ihre Kinder kritisiert, vermuten Sie nicht immer Eigennutz dahinter. Vielleicht sieht sie einfach nur viel deutlicher als Sie, dass Sie ausgenutzt werden.
12. Ihre Partnerin wird Ihre Kinder nie mit den gleichen Augen betrachten wie Sie, sie hat keine verklärenden Erinnerungen. Gibt es bei ihr eine laute, viel zu viel trinkende und rauchende Freundin aus Kindertagen,

die Sie unmöglich finden, an der Ihre Gefährtin aber aus Ihnen unerfindlichen Gründen hängt? Es besteht die Chance, dass ihr Urteil über Ihre Kinder mit Ihrem Urteil über ihre Freundin übereinstimmt, da Sie jeweils die schönen Zeiten nie erlebt haben.
13. Fragen Sie sich, wie Sie es auf einer Skala von 1 bis 10 bewerten würden, wenn Ihre neue Frau ab sofort jedes zweite Wochenende ihre Mutter zu Ihnen holt und dafür Ihre Haushaltskasse plündert. Ach ja, die Mutter möchte bekocht, bespaßt, bedient und verwöhnt werden und will auch ihren Urlaub mit Ihnen verbringen.

Kinder mit materiellen Gütern zu überschütten oder ihnen jeden Wunsch von den Augen abzulesen, führt nicht dazu, dass sie zu selbstständigen Menschen heranwachsen. Ein Kind, das immer nur erhält, was es möchte, wird es sehr schwer haben. Wer nie Kritik erlebt hat, permanent nur gelobt und angehimmelt wurde, wird nicht damit klarkommen, wenn im Berufsleben ein Chef anderer Meinung ist. Die »Krone«, die Väter ihrem Prinzen oder ihrer Prinzessin aufsetzen, ist für Kinder viel zu schwer. Wer allerdings wirklich eine Krone verdient hat, ist die Stiefmutter. Wenn ein Mann das Glück hat, seine Traumfrau gefunden zu haben und diese Frau auch noch bereit ist, den Weg mit ihm *und* seinen Kindern zu gehen, sollte er ihr alle Steine aus dem Weg räumen, statt neue Hindernisse aufzubauen.

6 Das Familienrecht – Wo bleibt hier die Gerechtigkeit?

Bevor ich meinen Mann traf und später all die anderen zweiten Frauen, war ich nicht nur in Beziehung auf das Stiefmutterdasein blauäugig, sondern auch in Sachen Familienjustiz. Tatsächlich habe ich gedacht, dass es Gesetze gibt, Richtlinien für Scheidungen, für den Umgang mit Kindern, für finanzielle Dinge wie Vermögen und Rente, und dass diese Richtlinien relativ voraussehbar angewandt werden. Ich ging davon aus, bei einer Scheidung könne ein Anwalt dem Paar ziemlich genau sagen, was wann wie verteilt wird. Was wem zusteht und wer welche Pflichten zu übernehmen hat. Und ich nahm ebenfalls an, dass Ämter eingreifen, wenn einer der Partner sich nicht an die Absprachen und Regeln hält. Ich war wirklich naiv.

Es gibt kein einheitliches deutsches Familienrecht, jedenfalls nicht in der Realität. Ein Richter in Berlin kann über den gleichen Sachverhalt ganz anders entscheiden als ein Richter in Konstanz. Ein Vater kann das gemeinsame Sorgerecht haben, aber wenn die Mutter sich dem ständig verweigert und die Kinder an den Wochenenden nicht zum Vater entlässt, kann es sein, dass er seinen Nachwuchs irgendwann gar nicht mehr sieht, weil die Mutter das »nicht verkraften würde«.

Etwas läuft schief im deutschen Familienrecht. Oder wie ist es sonst zu erklären, warum so viele Menschen nach einer Scheidung voller Hass auf den früheren Partner sind, sich von ihren Kindern verabschieden oder sie gegen den einstigen Partner aufhetzen? Niemand scheint so richtig zufrieden zu sein. Die Männer sehen sich als Melkkuh, die betrogen und verlassen werden, die für ihre Kinder zahlen, sie aber nicht mehr sehen dürfen. Die Exfrauen fühlen sich mit den Kindern allein gelassen, wünschen sich so schnell wie möglich einen neuen Partner, der gern auch die Papa-Rolle einnehmen darf, während der leibliche Vater einfach nur zahlen soll.

Und die Stiefmutter steht dazwischen, erlebt das Familienrecht oft genug als fünfte Front, an der sie ohne Rüstung oder eigene Rechte mitkämpft. Manchmal ist sie von den schier aussichtslosen Kämpfen so mürbe, dass sie sich (heimlich) wünscht, die kinderfreie Zone möge so lange wie möglich erhalten bleiben.

Die Geschichte von Jana und Pierre:
»Die Mutter meiner Stieftochter ist eine Schlampe«

Janas Geschichte machte mich sprachlos. »Als ich meinen jetzigen Mann traf, erfuhr ich ziemlich bald, dass er einige Monate zuvor eine Affäre mit einer Frau hatte, die dann von ihm schwanger geworden war. Ich war darüber wenig begeistert, doch ich merkte, dass er von der Frau nichts mehr wissen, sich allerdings seiner Verantwortung als Vater durchaus stellen wollte. Das hat mir gefallen.« Jana war damals neunundzwanzig, selbst Mutter von zwei Kindern, und ein Mann, der Verantwortung übernahm, konnte also nicht ganz falsch für sie sein.

Nach der Entbindung erkannte Pierre sofort die Vaterschaft an, seitdem zahlt er regelmäßig Unterhalt. »Im ersten Jahr gab es auch relativ oft Kontakt zwischen Vater und Tochter. Allerdings nur dann, wenn die Mutter es wollte. Sie brachte die Kleine und holte sie ab, wann es ihr passte. Sie machte Regeln, warf sie wieder über den Haufen, je nach Lust und Laune. Eine Weile nahmen Pierre und ich das einfach so hin. Aber es wurde immer abstruser. So brachte sie die kleine Lilli an einem Donnerstagnachmittag, sagte, sie habe einen Arzttermin, und kam dann aber erst am Montag, um ihr Kind zu holen. Und jedes Mal, wenn sie Lilli brachte oder wieder mitnahm, versuchte sie mit Pierre zu flirten, ihm nahezulegen, doch mit ihr zu leben. Ich wusste nicht, ob ich das lachhaft oder angsteinflößend finden sollte. Aber zum Glück war mir klar, dass Pierre mich liebte und mit dieser Frau nur die gemeinsame Tochter hatte. Mehr war an Gefühlen nicht vorhanden.«

Als Jana und Pierre, die mittlerweile geheiratet hatten, das unregelmäßige Kommen und Gehen nicht mehr mitmachen wollten, einen geregelten Umgang forderten und dafür ein gemeinsames Gespräch beim Jugendamt vorschlugen, kam es auf einmal zu Verleumdungen. »Die Mutter beschuldigte meinen Mann, seine Tochter sexuell zu missbrauchen, dann wieder unterstellte sie ihm, ein Terrorist zu sein. Das ging so weit, dass die Polizei mit einer Sondereinheit anrückte, weil er angeblich im Keller eine Bombe baute. In dieser Zeit gab es keinen Kontakt zu der Tochter. Man hatte Pierre den Umgang mit Lilli verboten. »Kindeswohlgefährdung« nannte man das. Ich war damals fassungslos. Was die Justiz alles zulässt, wenn eine Mutter Behauptungen aufstellt. An die Väter denkt da niemand. Es kam zu Gerichtsverhandlungen, ich sagte als Zeugin aus, wurde aber nicht wirklich ernst genommen, weil ich ja nur die Stiefmutter war.«

Dann war die Mutter mit dem Kind plötzlich verschwunden. Angeblich lebte sie im Ausland, Jana und ihr Mann wussten nichts Genaues. »Pierre unternahm noch einiges, um mehr herauszufinden, er war sogar beim Familiengericht und hat versucht, das gemeinsame Sorgerecht und ein Aufenthaltsbestimmungsrecht zu bekommen. Aber da er nicht mit ihr verheiratet war, hatte die Mutter das alleinige Sorgerecht und daher auch das Aufenthaltsbestimmungsrecht; er konnte nichts unternehmen. Für uns war das damals sehr traurig. Auch ich hatte die Kleine lieb gewonnen, meine Söhne, die bei uns wohnten, hatten sie als kleine Schwester betrachtet.«

Als Lilli vier Jahre alt war, tauchte die Mutter auf einmal wieder auf. Schnell entwickelte sich erneut eine Vater-Tochter-Bindung. Über einen Zeitraum von einem halben Jahr sahen Pierre und Lilli sich fast täglich. »Anfangs war ich skeptisch, dann hatte die Kleine auch mein Herz wieder erobert. Sie war ja das einzige Kind meines Mannes. Ich hatte mich nach der Geburt meines zweiten Sohnes sterilisieren lassen, da ich bei der Entbindung fast gestorben wäre. Somit war klar, dass wir keine gemeinsamen Kinder bekommen konnten. Mit Lilli lief also alles gut, bis die Mutter dann durchblicken ließ, dass sie Geld dafür haben wolle, dass ihr Kind bei uns sein konnte. Als wir nicht extra zahlen wollten, war sie mit der Tochter einfach monatelang nicht aufzufinden. Niemand wusste, wo sie war.« Was ist das für eine Mutter? Mal durfte der Vater das Kind sehen, mal nicht. Was tat sie ihm, aber vor allem ihrer Tochter damit an? Aber es sollte noch schlimmer werden.

»Ein halbes Jahr später trafen wir sie morgens zufällig in der Stadt. Lilli war sehr zurückhaltend, im Nachhinein wurde uns auch der Grund dafür klar. Die Mutter hatte der Kleinen nach unserer Weigerung, zusätzlich zu zahlen, erzählt, wir würden sie nicht mehr sehen wollen. Sie erzählte Lilli, ihr Vater sei mit mir und den anderen Kindern, also meinen, viel glücklicher. Das erfuhren wir alles noch am gleichen Nachmittag, da wir Lilli eingeladen hatten, doch nachmittags zu uns zu kommen. Die Mutter wollte noch shoppen, ihr passte dieser Vorschlag sehr gut. Als Lilli an diesem Tag bei uns war, taute sie auf, genoss unser Familienleben – meine beiden Söhne hatten sie wirklich als ›kleine Schwester‹ adoptiert.« Danach war sie wieder jedes Wochenende bei uns, meist auch ein-, zweimal in der Woche. Die Mutter hatte einen neuen Freund, der aber keine Kinder mochte. Also war die Kleine im Weg und durfte zum Vater. Mir ist klar, dass ich das bewusst provozierend formuliere, aber wie soll man das Verhalten sonst interpretieren?«

Die Geschichte von Jana ging aber noch weiter. »Dann erhielten wir einen Brief, es ging darin um den ›Verdacht auf Kindeswohlgefährdung‹. Allerdings wurde dieses Mal nicht mein Mann beschuldigt, sondern die Mutter von Lilli. Das Schreiben stammte von einem Beistand des Jugendamts, der wohl von Nachbarn der Mutter eingeschaltet worden war, und enthielt eine Gerichtsvorladung. Mein Mann sollte vor dem Gericht aussagen. Dort wurde ihm gesagt, Lilli würde seit einem Jahr nur sehr unregelmäßig in den Kindergarten gehen, ständig würden sie andere Männer bringen, manchmal würde man sie sogar vergessen, keiner würde sie abholen. Wir hatten keine Ahnung davon gehabt. Aber wir konnten uns gut vorstellen, dass es so war. Schon länger hegten wir den Verdacht, dass Lillis Mutter Drogen nahm, konnten es aber nicht beweisen. Und nachdem Pierre schon zuvor vor Gericht gescheitert war, wollte er das nicht noch ein weiteres Mal erleben.«

Das Gericht erteilte der Mutter die Auflage, Lilli regelmäßig in den Kindergarten zu bringen, auch nur eine Bezugsperson wurde zugelassen. Aber die Mutter hielt nichts davon ein. Jana und ihr Mann erklärten gegenüber dem Jugendamt, sie würden die Kleine auch ganz zu sich nehmen wollen. »Aber dort reagierte man nur abweisend. Wir sollten uns doch bitte nicht einmischen, das sei eine Angelegenheit allein zwischen der Mutter und dem Amt. Außerdem müsse der Mutter eine Chance gegeben werden. Sollte es beim Jugendamt nicht um das Kind gehen?«

»Lilli war schließlich wieder fast jedes Wochenende bei uns, und jedes Mal, wenn sie zurück zur Mutter musste, gab es Theater. Sie fing bitterlich an zu weinen und wollte nicht weg. Dann erfolgten Anrufe der Mutter, was wir denn mit dem Kind gemacht hätten. Es wäre wie ausgewechselt und aufmüpfig ihr gegenüber. Einmal war es besonders schlimm. Im Hintergrund hörte ich die Kleine weinen, die Mutter schrie sie während unseres Telefonats an, sie solle ›endlich die Schnauze halten‹. Dann folgten diverse Schimpfworte in Richtung der Kleinen. Lilli schrie, sie wolle nicht mehr bei Mama sein, sie wolle bei Papa leben. Die Mutter legte daraufhin einfach auf. Ich wusste überhaupt nicht mehr, was ich tun sollte. Pierre war nicht da, er war auf Dienstreise, und ich war mit der Situation völlig überfordert. Ich kam mir vor wie in einem schlechten Traum.«

Nach diesem Anruf brach der Kontakt abermals ab. Die Mutter schickte eine WhatsApp-Nachricht. »Die Kleine war zu hören, sie sagte, sie würde nicht mehr zum Vater kommen wollen, sie wolle lieber bei ihrer Mama bleiben. Das wäre alles zu viel für sie, und daher würde sie auch den Papa nicht mehr sehen wollen. Wenig später traf ein Anwaltsschreiben ein, mit dem Inhalt, dass der Umgang mit der Tochter bis auf Weiteres gestoppt sei. Auf Nachfragen meines Mannes gab es keine Antwort. Wir sind dann doch vors Gericht gezogen, aber die Mutter hatte sich mit Lilli einfach wieder ins Ausland abgesetzt. Man sagte uns nur, beide seien auf Ibiza. Das war's. Wieder hatten wir verloren.«

Jana litt sehr unter der Situation, ihr taten ihr Mann und die Kleine unendlich leid. »Angeblich will die Tochter uns nicht mehr sehen, sie hasst uns und hat uns aus ihrem Leben gestrichen. Zwischendurch schickt die Mutter meinem Mann WhatsApps, in denen die Kleine sagt, sie würde uns hassen und nur noch ihre Mama lieben. Heute ist Lilli acht und geht wohl in Spanien zur Schule, wir haben sie seit über zwei Jahren nicht mehr gesehen. Aber ich bin auch müde geworden. Es gab immer nur Ärger, immer nur Streit und Rückschläge. Ich würde die Kleine sofort bei uns aufnehmen, aber nur, wenn die Mutter aus unserem Leben verschwindet. Ich halte mich heute zurück, mische mich auch nicht mehr ein. Beim Jugendamt haben wir nie Unterstützung bekommen, dort war alles nur auf die Mutter ausgerichtet, und vor Gericht werden wir nicht mehr ziehen. Wir zahlen heute noch den Anwalt ab, den wir uns vor zwei Jahren genommen haben.«

Janas Mann ist in psychologischer Behandlung. Der Therapeut erklärte ihm, er würde unter einer Eltern-Kind-Entfremdung leiden, unter PAS, also darunter, dass seine Tochter den Kontakt zu ihm verweigere, nachdem sie von der Mutter manipuliert wurde. Ein Phänomen, von dem ich vor den Recherchen für dieses Buch nie gehört hatte, was mir dann aber bei meinen Gesprächen immer öfter über den Weg lief.

Eltern-Kind-Entfremdung: Das Parental Alienation Syndrome (PAS)

Erstmals wurde das Phänomen der Eltern-Kind-Entfremdung 1985 von dem amerikanischen Kinderpsychiater Richard Gardner beschrieben. Richard Gardner war klinischer Professor an der Columbia Universität und arbeitete über Jahre mit Scheidungseltern und -kindern. Im Zuge seiner Tätigkeit fiel ihm bei besonders konfliktreichen Sorgerechtsstreitigkeiten das Phänomen der Entfremdung auf. Die Kinder verweigerten nach einer gewissen Zeit der Spannungen den Kontakt zum Umgangselternteil. Vorausgegangen war immer eine (manchmal auch unbewusste) Beeinflussung durch den betreuenden Elternteil. Gardener war erstaunt, wie kompromisslos und rigoros Kinder plötzlich den anderen Elternteil ablehnten, ohne dass sie zuvor tatsächlich negative Erfahrungen mit ihm gemacht hatten. Seine Erklärung war, dass zwischen dem Kind und dem betreuenden Elternteil eine unerschütterliche Allianz entstanden war und die Kinder in einem derart großen Solidaritätskonflikt zum anderen Elternteil standen, dass sie den Kontakt besser ganz abbrachen. Egal, wie sehr sie dieses Elternteil geliebt hatten. Der Psychiater war auch der Meinung, dass bei diesen Kindern die Angst hinzukam, vom betreuenden Elternteil (ebenfalls) verlassen zu werden, wenn es sich nicht solidarisch erklären und den Kontakt zum mittlerweile verhassten einstigen Partner abbrechen würde.

Der Einfallsreichtum im Kampf um die Kinder ist groß. Und jedes Mittel ist recht. Zur Not wird gelogen, was das Zeug hält, oder eine eigene Wahrheit in die Welt gesetzt. Angela, die ich durch meine Recherchen kennenlernte, hat es auch mit einer Ex zu tun, die sich für sich selbst und ihre Tochter eine eigene Wirklichkeit konstruiert hat und auch an diese glaubt. Aus diesem Grund war Angela schon mit ihrem Mann bei einer Beratungsstelle gewesen. »Sie beeinflusst das Kind mit allen Mitteln. Als mein Mann mit ihr deswegen wieder einmal telefonierte, stellte er auf laut, damit ich mithören konnte. Die Mutter behauptete, ihr würde ganz gewiss viel daran liegen, dass wir mit der Kleinen Kontakt haben. Aber die würde ja nicht wollen. Im Hintergrund hörte man aber die Tochter rufen: ›Mama, ich will aber zu Papa.‹ Der Hörer wurde zwar sofort mit der Hand abgedeckt, aber man verstand die Stimmen trotzdem. Ich konnte kaum glauben, was ich hörte: ›Mäuschen, wenn du da hingehst, denke ich, du hast mich nicht mehr lieb und möchtest lieber bei den beiden sein. Komm, du hast dir doch das Filly-Traumschloss gewünscht, das kaufen wir dir heute Nachmittag.‹ Daraufhin nahm die Kleine den Hörer an sich und sagte: ›So, das ist auch meine Meinung, ich will nicht mehr zu euch.‹ Wir fühlten uns völlig hilflos.«

Die Entfremdungsversuche sind für den ausgeschlossenen Elternteil eine große psychologische Belastung, aber genauso leiden Kinder darunter. Folgt man Gardner, sind es acht Merkmale, die, wenn sie bei einem Kind zu beobachten sind, auf eine Entfremdung hindeuten:

1. Hass und Abwertung eines Elternteils durch das Kind
2. Schwache, absurde oder alberne Begründungen für den Hass und die Abwertung
3. Fehlen einer üblichen Zwiegespaltenheit in den Gefühlen gegenüber dem entfremdeten Elternteil
4. Starkes Bestehen des Kindes darauf, dass es seine eigene Entscheidung war, ein Elternteil abzulehnen
5. Eine reflexartige, unreflektierte Unterstützung des bevorzugten Elternteils zum Beispiel während eines Sorgerechtsstreits
6. Fehlen von Schuldgefühlen bezüglich des Verhaltens gegenüber dem entfremdeten Elternteil
7. Gebrauch von Redewendungen des bevorzugten Elternteils
8. Abwertung nicht nur des entfremdeten Elternteils, sondern auch von dessen Familie und Freunden

In Deutschland ist PAS als Syndrom nicht anerkannt, es gilt weder als psychische Störung, noch kann es in Familienrechtstreitigkeiten als ein Beweismittel verwendet werden. Die Kritiker bemängeln, dass Gardners Annahmen wissenschaftlicher Grundlagen entbehren, sie nicht in Studien verifiziert wurden. Außerdem könne man nicht wirklich unterscheiden, ob es sich letztlich um entfremdete, traumatisierte, misshandelte Kinder oder Kinder mit Angststörungen handele, es gäbe keine genaue Differenzierung. Immerhin: In Brasilien existiert seit 2010 ein Gesetz, das die Entfremdung durch einen Elternteil unter Strafe stellt. Nach all den Gesprächen, die ich mit Stiefmüttern führte, erscheint es naheliegend, dass so ein Gesetz nötig ist. Kinder können eine negative (manchmal auch unbewusste) Beeinflussung des betreuenden Elternteils gegenüber dem anderen Elternteil nicht einfach wegstecken.

Hinzu kommt, dass Probleme von Erwachsenen heutzutage immer häufiger selbst mit noch sehr kleinen Kindern ausführlich besprochen werden. Da kann es keine große Objektivität geben. Gerade in der ersten Trennungsschmerzphase neigen viele dazu, ausschließlich dem Partner die Schuld zu geben. Wie soll ein Kind begreifen, dass ein Satz wie »Er hat uns verlassen« eigentlich »Er hat mich verlassen« heißt. Und wie soll ein Kind mit Begriffen wie »Unterhalt« oder »Sorgerecht« umgehen, wenn sich noch nicht einmal die Erwachsenen im juristischen Dschungel zurechtfinden? Manchmal habe ich den Eindruck, dass viele Eltern übergriffig werden, wenn sie nach der Trennung versuchen, ihrem Kind alle Zusammenhänge zu erklären. Selbst wenn sie meinen objektiv zu sein – sie sind es sicher nicht.

Und auch hier zeigt sich: Es sind nicht die Stiefmütter, die irgendetwas »kaputt machen«, sondern die beiden Elternteile selbst, die mit ihren (nach)ehelichen Konflikten nicht klarkommen.

In einer Sache sind sich alle Experten einig. Eine Scheidung wird sowohl von den jeweiligen einstigen Partnern als auch von den Kindern am besten verarbeitet, wenn es gelingt, eine neutrale Haltung gegenüber dem Expartner einzunehmen. Bestehen die Partnerkonflikte weiter, werden sie oft auf dem Rücken der Kinder und vor dem Familiengericht im Zusammenhang mit Sorgerechts- oder Unterhaltsprozessen geführt. Allen ist sicher klar, dass es besser wäre, eigennützige Motive und Gefühle wie Wut, Ärger oder Kränkung zurückzustellen. Das Kind braucht Vater und Mutter und will zu beiden ein gutes Verhältnis haben dürfen.

Bin ich Kumpel, oder bin ich verstimmt?
Eine Scheidungstypologie

Das gute Verhältnis klappt aber nur, wenn es dem früheren Paar gelingt, über alle Streitigkeiten und Verletzungen hinweg als Eltern zusammenzuarbeiten. Keineswegs ist es förderlich, dass man sich, wie Kinder im Sandkasten, fortwährend die Schippe auf den Kopf haut. Hilfreich ist es, wenn sich alle klarmachen, da schließe ich die Stiefmütter mit ein, in was für einer Konstellation sich das einstige Paar befindet. Die amerikanischen Soziologen und Psychologen Constance Ahrons und Roy Rodgers haben 1987 in ihrem Fachbuch *Divorced Families. A Multidisciplinary Developmental View* fünf mögliche Beziehungstypen nach einer Trennung beschrieben:

1. *Die Kumpel:* Die beiden kommen freundschaftlich miteinander aus und haben sich entschieden, Freunde zu bleiben, auch wenn sie kein Paar mehr sein wollen.
2. *Kooperative Kollegen:* Die beiden sind in der Lage, als Eltern zu kooperieren, betrachten sich aber nicht als gute Freunde.
3. *Verstimmte Partner:* Die beiden stehen einander feindselig und grollend gegenüber und finden die gemeinsame elterliche Erziehung schwierig. Hier werden Kinder oft in die Konflikte ihrer Eltern mit einbezogen und erleben immer wieder Loyalitätskonflikte.
4. *Wütende Feinde:* Die beiden sind voller Abneigung, sodass sie ihre Kinder nicht zusammen erziehen können. Meist haben sie keine positiven Erinnerungen an die gemeinsame Zeit und streiten immer wieder vor Gericht.

5. *Aufgelöste Duos:* Die beiden haben jeglichen Kontakt abgebrochen. Meist ist ein Elternteil weit weggezogen und dadurch völlig aus dem Familienumfeld verschwunden.

Die Faustregel ist recht einfach: Kinder von Paaren der ersten beiden Typen bewältigen die Scheidung relativ gut, bei den drei anderen Varianten wird es für sie schwierig. Das Parental Alienation Syndrome (PAS) tritt nur bei den letzten drei Kategorien in Erscheinung. Und ich denke, alle Stiefmütter, die diesen Job schon etwas länger machen, sind sich einig: Nur in den letzten drei beschriebenen Fällen gibt es ernsthafte und kaum lösbare Probleme. Sie und die Kinder sind die Leidtragenden, wenn Vater und Mutter nicht fähig sind, im Sinne der Kinder auch nach der Scheidung gemeinsam Eltern zu bleiben.

Ansichten eines Familienrechtsexperten

Zu dieser Problematik habe ich den schon erwähnten Familienrechtsexperten Dr. Michael Greulich aus Berlin befragt. Es war ein äußerst interessantes Gespräch. Dr. Greulich ist der Meinung, dass wir uns von der Illusion einer streitfreien Scheidung verabschieden sollten. »Objektiv kann es keine einvernehmliche Scheidung geben. Objektiv haben beide Partner im Rahmen der Scheidung unterschiedliche Interessen. Oft haben sie sich im Laufe ihres Trennungsprozesses so viele Kränkungen zugefügt, so viele Verletzungen. Nicht zu vergessen: Die meisten gehen mit sehr viel Angst in eine Scheidung. Sie haben Angst davor, nach der Scheidung zu verarmen, Angst davor, die Kinder zu verlieren, Angst davor, das Leben allein nicht bewältigen zu können. Diese Furcht schlägt dann manchmal in Hass, Wut oder Rache um. Die Kompromissbereitschaft ist in der Folge gleich null.«

Dr. Greulich setzt auf eine einfache Strategie, wenn er merkt, dass Mandanten nicht bereit sind, aufeinander einzugehen. »Ich zeige meinen Mandanten in solchen Fällen zwei Akten. Eine dicke Scheidungsakte und eine dünne Scheidungsakte. Dann frage ich sie, ob sie wohl glauben, dass die Leute mit der dicken Akte glücklicher sind als die mit der dünnen. Man wird bei einer Scheidung nicht glücklicher, indem man mehr streitet. In der Regel ist es nur teurer. Wenn man die Leute führt und berät, funktioniert das häufig auch. Aber ich habe schon Mandate niedergelegt, weil ich merkte, dass es nicht funktionierte. Wobei das keine Frage des Familienrechts ist, sondern eine Frage der menschlichen Natur.«

Das heutige Scheidungsrecht kennt keine »schuldige Scheidung« mehr, man spricht von »einvernehmlicher Trennung«, erklärt somit nicht mehr den einen oder anderen schuldig. Manchmal kommt es mir aber vor, als ob die Paare immer noch ein großes Bedürfnis danach haben, eine Schuldfrage zu klären. Jedenfalls werden Schuldzuweisungen zwischen ehemaligen Partnern so munter ausgetauscht wie der Ball bei einem Tischtennismatch. Nur interessiert das den Richter nicht mehr.

Ich fragte Dr. Greulich, ob dieser Aspekt dafür verantwortlich ist, dass sich die Scheidung immer mehr materialisiert hat und es oft, ohne Blick auf eigene Verfehlungen, nur noch darum geht, so viel Geld wie möglich aus dem Expartner zu holen. Seine Antwort: »Ich stamme aus der ehemaligen DDR und kann schwer beurteilen, wie das Scheidungsrecht der BRD vor der Wiedervereinigung war. In meinen Augen ist die Abschaffung des Schuldprinzips ein Fortschritt. Ich möchte bei einer Ehescheidung heute nicht der Frage hinterherjagen, wer Schuld am Scheitern hat. Man weiß doch, dass zu einer schlechten Ehe immer zwei gehören. Auch das Bild der Versorgungsscheidung beginnt ja nun doch zu kippen. In der DDR war schon seit jeher nach einer Scheidung jeder für sich selbst verantwortlich. Daher werden auch die Fälle, in denen sich bis aufs Blut um Geld gestritten wird und es um exorbitante Summen geht, meiner Ansicht nach von der politischen Geografie Deutschlands bestimmt. In Pankow, also im Osten, kenne ich diese Fälle kaum, wenn ich mit Kollegen zum Beispiel aus dem wohlhabenden Baden-Württemberg spreche, habe ich das Gefühl, fast jede Scheidung läuft dort über das Finanzielle ab.«

Immer wieder hörte ich bei meinen Gesprächen mit Stiefmüttern, dass die Exfrau ihre Ehe wegen eines neuen Mannes verlassen hat, nach der Scheidung Unterhalt für sich und die Kinder bekommt, die Kinder dem Vater entzieht und ihn finanziell ausbluten lässt. Die Väter sind völlig hilflos, müssen kräftig zahlen und sehen ihre Kinder trotzdem nicht. Oft auch auf dem Hintergrund, dass diese den neuen Mann der Mutter als Vater akzeptieren sollen. Und verdient der Vater nicht genug, um den Mindestunterhalt zahlen zu können, darf die Stiefmutter ihre Geldbörse öffnen. Eine Situation, die sowohl die Väter als auch die Stiefmütter als ungerecht empfinden.

Dr. Greulich ist das nicht unbekannt: »Wenn ein Mann unterhaltspflichtig für Frau und Kinder aus der ersten Ehe ist und wieder heiratet, kann es durchaus im Ergebnis so aussehen, als müsse die neue Frau sich an diesem Unterhalt beteiligen. Es gibt zwar keine Unterhaltspflicht der neuen Frau. Es ist aber richtig, dass der Bundesgerichtshof, der BGH, entschieden hat, dass in einer Ehe oder Partnerschaft ein Haushalts-Synergieeffekt eintritt. Und in solchen Fällen kann bei dem Mann der Selbstbehalt gesenkt werden. Das führt dann dazu, dass für Unterhaltsverpflichtungen mehr Geld zur Verfügung steht. Ob das gerecht ist? Für den Staat ist es jedenfalls eine Erleichterung. Weil er dann nicht mit einem Unterhaltsvorschuss für die Kinder einspringen muss.«

Prima, der Staat macht die Gesetze so, dass er am wenigsten belastet wird und die zweite Familie am meisten. Wirklich zufriedenstellend ist das nicht. War das DDR-Scheidungsrecht besser?, wollte ich von Dr. Greulich wissen. »Ich habe das Gefühl, dass Menschen aus der ehemaligen DDR nicht so sehr um Geld streiten. Der größte Stresspunkt war hier, dass immer einem Partner die Kinder zugesprochen wurden. Über Geld wurde jedoch so gut wie nie gestritten. Während der Ehe hatte man eine Vermögensgemeinschaft, alles gehörte also beiden gemeinsam. Das wurde bei einer Scheidung hälftig geteilt, und damit basta. Ehegattenunterhalt gab es nicht, jeder musste anschließend sehen, wie er selbst klarkommt.« Welches Modell war gerechter? »In meinen Augen ist es gerechter, wenn jeder Partner auf eigenen wirtschaftlichen Füßen steht. Ich halte die Idee, dass einer den anderen aushalten muss, für antiquiert. Sowohl während als auch nach der Ehe.«

Bei vielen Scheidungen ist der Versorgungsausgleich, also die Aufteilung der Rente, ein großes Problem. Erst bei einer Scheidung merken beide Partner plötzlich, dass die Rente des Mannes nicht für zwei Einzelpersonen zum Leben reichen wird. Seltsamerweise beschäftigt sich ein Paar während der Beziehung kaum damit, was irgendwann als Rente bleiben würde, sollte es zu einer Scheidung kommen. Wie wäre es also damit, bereits während der Ehe so zu tun, als ob das Paar geschieden wäre. So könnte man beiden Partnern getrennte Rentenbescheide zukommen lassen, aus denen deutlich hervorgeht, was im Falle einer Scheidung an jeden Partner gezahlt würde. Diese Aufteilung, die ansonsten erst bei der Scheidung gemacht würde, könnte die BfA, die Bundesversicherungsanstalt für Angestellte, gleich zu Anfang einer Ehe machen. Und fortan den beiden Ehepartnern jeweils getrennte Rentenbescheide mit der jeweiligen Rentensumme schicken. Entweder auf der Basis eines Doppelverdienerhaushalts oder des traditionellen Alleinernährers. Bleibt das Paar zusammen, haben sie beide Renten zur Verfügung, trennt es sich, wäre schon vorher klar, wie hoch die jeweilige Rente zum Scheidungszeitpunkt ausfallen würde. Somit würde niemand völlig unerwartet vor dem Rentenproblem stehen, bereits während der Ehe wäre klar, wie die Rentenfrage im Falle einer Scheidung für jeden Partner gelöst wäre.

Dr. Greulich fand meinen Vorschlag nicht abwegig. »Die Idee ist gut. Im September 2009 wurde das Versorgungsausgleichsrecht neu modifiziert. Seitdem werden die Versorgungsanwartschaften jeweils halbiert zugeordnet. Rein technisch sollte es also kein Problem sein, das gleich mit Ehebeginn zu machen. Regen Sie das doch beim Gesetzgeber einmal an. Ich stelle immer wieder fest, dass für den normalen Bürger der Versorgungsausgleich der undurchschaubarste Dschungel ist. Wenn ich meinen Mandanten einen Brief zum Thema Versorgungsausgleich schreibe, steht sinngemäß jedes Mal darin, sie sollen sich nicht verrückt machen, wenn sie den Versorgungsausgleich nicht in allen Einzelheiten verstehen. Allerdings zeige ich auch die Passagen auf, die selbst kontrolliert werden können.«

Also, hiermit rege ich den Gesetzgeber an, sich einmal diesbezüglich Gedanken zu machen.

Aber noch ein anderer rechtlicher Aspekt ist nicht unwichtig. Eine Frage stellen sich nämlich viele zweite Ehefrauen: Sollen wir generell einen Ehevertrag machen? Dr. Greulich: »Da schlagen zwei Herzen in meiner Brust. Als ehemaliger DDR-Bürger habe ich diese Verträge ursprünglich einmal mit spitzen Fingern angefasst. Ich fand es seltsam, die Liebe zum Gegenstand eines Vertrags zu machen. In den Niederungen des bundesdeutschen Scheidungsalltags habe ich dagegen gelernt, dass es für viele besser wäre, wenn sie bestimmte Modalitäten vor der Ehe regeln würden. Übrigens ungeachtet dessen, ob es sich um eine erste oder zweite Ehe handelt. So manches Aha-Erlebnis bei einer Scheidung würde sich dadurch verhindern lassen. Am liebsten würde ich diese Gespräche, die ich mit Scheidungsmandanten führe, bereits vor einer Ehe führen. Also über Rechte und Pflichten aufklären, damit sie nicht unüberlegt in die Ehe stolpern, sondern sich über einiges auch schon vorab Gedanken machen.«

Ein Ehevertrag kommt aber nicht für jedes Paar in Frage. Manchmal ist der finanzielle Background sogar so eng, dass schon ein Anwaltsbesuch unmöglich ist. Worüber sollte sich also jedes Paar vor der Ehe bereits Gedanken machen? »Erstens natürlich darüber, welche Auswirkungen das jeweils gefundene Lebensmodell auf rechtliche Verpflichtungen am Ende der Ehe hat. Wenn ich mich also darauf einlasse und beschließe, dass die Frau zehn Jahre zu Hause bleibt, um die Kinder großzuziehen und sich ansonsten vielleicht karitativen Dingen widmet, anstatt an ihrer eigenen Karriere zu basteln, dann muss ich auch wissen, was das für Konsequenzen hat. So wird es in einem solchen Fall zum Beispiel einen nachehelichen Unterhaltsanspruch geben, auch wenn das dem zahlenden Partner dann wahrscheinlich gar nicht mehr gefallen wird. Rechtlich ist schon lange geregelt, dass nach dem Ende einer Ehe Eigenverantwortung besteht. Aber bis Januar 2008 hat die Rechtsprechung das konterkariert und ins Gegenteil verkehrt. Nach wie vor wurde eher die Versorgung zum Gegenstand der Rechtsprechung gemacht. Nun soll es ja nicht mehr so sein, warten wir einmal ab, wie das jetzt weitergeht. Es gibt bereits genügend Stimmen, die sagen, die Frauen würden jetzt im Regen stehen, so ginge es ja auch nicht.

Für mich persönlich ist das alles sehr antiquiert. In der DDR wurden wir damit groß, dass unsere Eltern gearbeitet haben. Da wurde nicht über Vernachlässigung oder Rabenmütter gesprochen. Natürlich litten die Ostfrauen auch unter der Mehrverantwortung, wenn sie nach einer Scheidung alleinerziehend waren, aber um sie herum wurde alles so organisiert, dass es machbar war. Und da spreche ich nicht nur von den Kinderkrippen. Eine Frau mit Kind hatte zum Beispiel einmal im Monat einen Haushaltstag. Da hatte sie frei. Eine Nichte von mir ist vor vielen Jahren nach Westdeutschland gezogen und nahm mit Erstaunen zur Kenntnis, dass dort die Kindergärten mittags schließen. Dass eine Frau dort gar nicht mehr als halbtags arbeiten kann. Das könnte man deutlich besser regeln. Aber ich erlebe zunehmend, dass Frauen, nicht nur aus dem Osten, sondern auch aus dem Westen, Arbeit als Bestandteil ihrer Persönlichkeit sehen. Ich erfahre das im Rahmen der Weiterbildung, die ich als Fachanwalt für Familienrecht jedes Jahr mache. Die Kolleginnen hören nicht auf zu arbeiten, selbst wenn sie vermögende Ehemänner haben. Für sie ist die Arbeit sehr wichtig.«

Über das Berliner Testament habe ich mich bereits ausgelassen. Für viele zweite Frauen ist es ein Schock, wenn sie dessen Auswirkungen spüren. Und ich habe auch mit zweiten Frauen gesprochen, die überhaupt nicht wussten, dass ihr Mann mit seiner verstorbenen Frau ein Berliner Testament hatte. Entweder hatte der Mann es verdrängt, oder es war ihm unangenehm, es zu erwähnen. Manche Männer haben sogar mit der neuen Frau ein gemeinsames Testament gemacht – und die haben erst bei seinem Tod erfahren, dass dieses Testament keine Gültigkeit hat. Insofern fand ich es interessant, ob es für eine Frau die Möglichkeit gibt, zu erfahren, ob der Mann mit der verstorbenen Frau ein Berliner Testament hatte.

Dr. Greulich musste mich da enttäuschen: »War es ein notarielles Testament, ist es beim Nachlassgericht hinterlegt. Aber ich bezweifle, dass die neue Frau darin Einsichtsrecht hätte. Und wenn es ein Testament war, welches das damalige Ehepaar am Küchentisch aufgesetzt hatte, kann man darin überhaupt keine Einsicht nehmen. Das zählt wohl zum Lebensrisiko. Das Berliner Testament mag ja Vorteile haben, aber man sollte sich auf alle Fälle überlegen, was passiert, wenn einer der beiden recht jung stirbt. Man bindet sich unter Umständen mit diesem Testament bis ans Ende seines Lebens. Und es gibt auch Berliner Testamente, in denen steht, dass der überlebende Partner nicht wieder heiraten darf, ohne den Erbteil an die Kinder auszuzahlen zu müssen. Denn durch den neuen Ehepartner entsteht wieder ein neuer Pflichtteilsberechtigter. Da ist die Überlegung, dass bei einer Wiederheirat die Erben ausgezahlt werden müssen, schon berechtigt.

Mit dieser Art Testament kommen schon recht absurde Konstrukte ans Tageslicht. Es kann passieren, wenn ein Partner bereits in recht jungen Jahren stirbt, dass der Witwer oder die Witwe plötzlich ein Leben lang unter schweren Auflagen zu leiden hat. Zum Thema Berliner Testament kann ich wirklich nur die allgemein gültige Regel abgeben: auf jeden Fall zum Anwalt gehen. Sowohl bei der Aufsetzung dieses Testaments als auch wenn man einen Partner heiraten möchte, der mit seinem verstorbenen Partner ein Berliner Testament hatte. Was Paare sich da selbst zusammenzimmern, geht meistens nach hinten los.«

Etliche Frauen haben mir erzählt, dass ihre Partner bei Nutzung des Ehegattensplittings nach ihrer Hochzeit mehr Unterhalt an die erste Familie zahlen mussten. Verdient die neue Partnerin allerdings besser und das Paar entschließt sich, dass die zweite Frau die bessere Steuerklasse und der Mann die schlechtere nimmt, hat das keinen Einfluss auf den Unterhalt. Auch wenn der unterhaltspflichtige Mann dadurch wesentlich weniger verdient. Man darf sich demnach nicht durch steuerrechtliche Konstruktionen seiner Unterhaltspflicht entziehen, aber die erste Familie darf davon profitieren, da Unterhalt nach dem Nettolohn berechnet wird. Ist es nicht ungerecht, dass eine erste Ehe Auswirkung auf die zweite Ehe hat? Es ist doch ein ganz neuer Lebensabschnitt.

Dr. Greulich erklärte: »Da liegen Sie schon ganz richtig. Das Problem mit der zweiten Ehe hat das bundesdeutsche Unterhaltsrecht nicht wirklich im Griff. Es gab zwischendurch eine Rechtsprechung vom BGH, die war so abstrus, dass ich mich geweigert habe, sie zu verstehen. Im Grunde ging es auf folgenden Satz hinaus: Die Dreiteilung des Einkommens läuft dem Halbteilungsgrundsatz nicht zuwider. Das hat das Bundesverfassungsgericht ebenfalls als seltsam empfunden und diese

Rechtsprechung für verfassungswidrig erklärt. Offensichtlich ist es wirklich schwierig, eine Grundsatzlösung zu finden. Auch für hochgebildete Richter.«

Dabei ist die Realität in Deutschland recht einfach: Viele Ehen werden geschieden, viele Geschiedene heiraten neu. Und es werden neue Familien gegründet. Es geht hier ja nicht um Einzelfälle. Generell wird gesagt, die zweite Ehe würde hinter der ersten stehen. Wenn ein geschiedener Vater erneut Vater wird und Elternzeit nehmen möchte, was mit einer Verringerung des Einkommens verbunden wäre, kann er das in bestimmten Fällen nicht machen. Weil er dann den Unterhalt nicht mehr zahlen könnte. Aber gesellschaftlich ist es doch erwünscht, dass Väter Elternzeit nehmen können. Dieser Wunsch besteht aber offenbar nur für die erste Ehe. Dr. Greulichs pragmatische Sichtweise: »Die Forderung nach Elternzeit eines Vaters auch in der zweiten Ehe gleicht ein wenig der Quadratur des Kreises.«

Der Staat springt für alles Mögliche ein, warum nicht für den Unterhalt an die erste Familie bei Elternzeitnahme in der zweiten Familie? Aber es wird noch seltsamer bei den Ungerechtigkeiten im Unterhaltsrecht. Dr. Greulich: »Das in meinen Augen abstruseste Beispiel hat mit Hartz IV zu tun, es ergibt sich dann, wenn eine Frau sich von einem recht gut verdienenden Mann getrennt hat und sich anschließend mit einem neuen Mann in eine Hartz-IV-Bedarfsgemeinschaft begibt. Dann wird der Kindesunterhalt, den der gut verdienende Vater zahlt, auf das Hartz-IV-Familieneinkommen der Frau und des neuen Mannes angerechnet. Also der Unterhalt, den der Mann an diese Bedarfsgemeinschaft zahlt und der den Kindern zugutekommen soll, wird als Haushaltseinkommen angerechnet. Wenn also ein Mann 600 Euro Unterhalt monatlich pro Kind zahlt und zwei Kinder mit dieser Frau hat, und wenn es nun um die Hartz-IV-Berechnung der Familie geht, würde der gesagt werden, dass sie durch den Kindesunterhalt 1 200 Euro Einkommen hat. Der generelle Grundsatz im Familienrecht, dass der Unterhalt nämlich dem Kindeswohl dienen soll, wird in diesem Fall komplett umgekehrt. Auf diese Weise sponsert der gut verdienende Vater sozusagen den Lebensunterhalt des neuen Mannes.«

Einem Hartz-IV-Kind stehen – je nach Alter – 229 Euro (von null bis fünf Jahre), 261 Euro (von sechs bis dreizehn Jahren) oder 296 Euro (von vierzehn bis siebzehn Jahren) monatlich zu. Erhält ein Kind aber, da sein Vater vermögend ist, einen wesentlich höheren Unterhalt, wird der auf das Familieneinkommen angerechnet – ich gebe Dr. Greulich da absolut recht, das ist mehr als merkwürdig. Auch dem Gesetzgeber sollte klar sein, dass die 1 200 Euro Unterhalt, die der Vater bezahlt, überhaupt nicht komplett bei den Kindern ankommen können, wenn davon die neue Familie leben muss.

→ **Tipp einer Stiefmutter**

»Unsere Ex ist einfach von Berlin nach Bayern gezogen. Mein Mann muss die Kosten des Umgangs zahlen, ebenso die Reisekosten. Aber wir haben gar nicht so viel Geld, dass wir uns das alle zwei Wochen leisten können, die Kinder zu uns zu holen. Und in den Ferien muss mein Mann viel arbeiten, weil er Straßenbauer ist. Die Kinder also nur in den Ferien zu sehen, geht auch nicht. Mein Mann war schon ganz verzweifelt, bis ich erfuhr, dass man eine

Aufstockung beantragen kann, wenn das Geld nicht reicht, um die Kinder zu besuchen. Jetzt fährt mein Mann einmal im Monat nach Bayern, und die Zugfahrt und die Pension wird ihm vom Jobcenter bezahlt. Ich bin zwar nicht glücklich, dass er dann weg ist, aber wenigstens wird unsere Haushaltskasse nicht noch mehr belastet.«

Der Staat macht so seinen Reibach bei Scheidungen

In zwei Fällen verdient der Staat gezielt durch die Scheidung. Zum einen bei der Übergabe von Rentenpunkten an den früheren Partner, zum anderen bei der sofortigen Einstufung in die Lohnsteuerklasse 1 beim nicht betreuenden Elternteil. Da darf ein Vater dann für seine Kinder und womöglich auch noch für die Ex zahlen und wird gleichzeitig steuerlich als Single eingestuft. Rechnen Sie mit:

Beispiel 1: Der Vater verdient brutto 3 200 Euro. Nach der Scheidung, bei Steuerklasse 1, bleiben ihm davon netto 1 918,99 Euro. Die Mutter verdient brutto 900 Euro (Steuerklasse 2), ihr bleiben nach den Abzügen netto 700 Euro. Der Exmann muss seiner ehemaligen Frau 243 Euro Unterhalt zahlen und pro Kind 290 Euro, insgesamt 823 Euro, ihm bleiben 1 096 Euro. Die Mutter verfügt dagegen über 1 523 Euro, ihre 700 Euro und die 823 Euro Unterhalt für sich und ihre Kinder. Zusätzlich erhält sie 368 Euro Kindergeld, wobei sie nun bei 1 891 Euro ist. Vor der Scheidung blieben bei den identischen Einkommen 2 875,11 Euro für die gemeinsame Haushaltskasse (er war in der Steuerklasse 3, sie in der Steuerklasse 5), plus 368 Euro Kindergeld. Zusammen 3 243,11 Euro (siehe: www.brutto-netto-rechner.info/). Nach der Scheidung haben beide zusammen 2 986,99 Euro inklusive Kindergeld. Der Staat verdient an dieser Scheidung 256,12 Euro, die er in Form von höheren Steuereinnahmen erhält.

Beispiel 2: Rentenpunkte, die ein Partner erwirtschaftet hat, werden bei einer Scheidung anteilig auf den anderen Partner überschrieben, abhängig von der Länge der Ehe und dem Verdienst beider Partner. Diese Regelung ist unumkehrbar. Stirbt einer der geschiedenen Partner vor Eintritt der Rente, macht der Staat ein Schnäppchen. Monika, die ich im Internet kennenlernte, erzählte mir, dass ihr Mann Patrick seiner ersten Frau bei der Scheidung einen Anteil seiner Rentenpunkte überschreiben musste. Das ist normal, das wird in Deutschland bei jeder Scheidung sofort gemacht. Die Exfrau hatte nie gearbeitet, dementsprechend hoch war der Satz, den er ausgleichen musste. Ein Jahr nach der Scheidung starb Patricks Ex, gemeinsam mit dem Trennungsgrund, den sie kurz zuvor noch geheiratet hatte, bei einem Verkehrsunfall. Patricks Punkte waren durch den Tod verloren gegangen, weder die Exfrau noch deren neuer Mann werden die Rente jemals antreten. Wäre die Ex verstorben, bevor sie neu heiratete, hätte Patrick eventuell versuchen können, sich aufgrund der neuen Situation seine Rentenpunkte zurückzuholen. Ob er Erfolg gehabt hätte, steht in den Sternen.

Absurde Gerichtsentscheidungen

Bei hochstrittigen Scheidungs- und Familienangelegenheiten entscheidet oft das Familiengericht über den Umgang. Manchmal aber – mit Verlaub – ohne Sinn und Verstand. Von mehreren Stiefmüttern habe ich folgende Problematik geschildert bekommen: Die Ex zog mit dem Kind in ein weit entferntes Bundesland, meist trotz gemeinsamen Sorgerechts ohne Absprache oder Einverständnis des Vaters. Sie schuf einfach (heimlich) Fakten. Diese Rechtsbeugung wurde dann, nachträglich, vom Familiengericht bestätigt. Oft dauert es nämlich Monate, bis es zu einem Gerichtstermin kommt, mittlerweile ist das Kind in der neuen Stadt in einer Schule angemeldet. Laut Gerichtsbeschluss hat sich der Lebensmittelpunkt des Kindes dann geändert, und der Rechtsbeugung der Ex wird somit nachgegeben. Ob der Vater für seinen Umgang Hunderte von Kilometern fahren und dafür die Kosten tragen muss, ist irrelevant. Selbst wenn das Gericht festgesetzt hat, dass die Mutter das Kind bringen muss (was nur sehr selten geschieht), gibt es kaum Folgen für die Mutter, wenn sie sich nicht daran hält. Alles klar?

Selbst wenn die Mutter mitteilt, dass sie trotz gemeinsamen Sorgerechts wegziehen will und dafür Vorwände erfindet, ist ein Vater meist machtlos. Eine Stiefmutter erzählte mir, die Ex wollte zu ihrem Freund in die Schweiz ziehen. Da der Lebensmittelpunkt der Kinder aber bisher Hamburg war, wollte der Vater keine Zustimmung geben. Es war für ihn in derselben Stadt schon schwer genug, seine Kinder sehen zu dürfen. Er ahnte, dass der Umgang mit ihnen bei einem Umzug fast aussichtslos werden würde. Egal. Sie zog vor Gericht, behauptete dort, dass sie wegen eines neuen Jobs in die Schweiz gehen würde. Ein Gefälligkeitsschreiben einer Freundin schien das zu bestätigen. Außerdem könne der Vater seine Kinder jederzeit sehen, sie würde sogar die Bahntickets bezahlen. Die Richterin entschied im Sinne der Mutter und erwähnte noch, dass der Vater ja mit seinen Kindern skypen könne. Die Frau zog um. Seither lebt sie mit ihrem Freund in der Schweiz, hat dort keinen Tag gearbeitet, und die Kinder haben ihren Vater nie wieder sehen dürfen. Nun sind auch noch die Schweizer Gerichte für ihn zuständig.

Ein anderer Fall: Nach der Trennung verliebte sich die Mutter eines Mädchens in einen amerikanischen Soldaten, heiratete ihn und wurde schwanger. Als er in die USA zurückbeordert wurde, wollte sie mit beiden Kindern mitziehen. Der Vater der gemeinsamen zehnjährigen Tochter, der sein Kind bisher jede Woche mehrfach gesehen hatte, ging dagegen vor Gericht. Er bekam kein Recht. Die Begründung: Er könne skypen, außerdem hätte sich das Kind schon so an sein Geschwisterchen gewöhnt. Weiterhin erklärte die Mutter, die amerikanische Armee würde für solche Fälle Plätze in Versorgungsflugzeugen zur Verfügung stellen, die Tochter könne somit regelmäßig nach Deutschland kommen. Die Realität sah nach dem Umzug in die Vereinigten Staaten dergestalt aus, dass es diese Plätze in den Versorgungsflugzeugen wohl doch nicht gab, die Mutter keinen Flug zahlen konnte und der Vater, der sein Kind fortan nur noch über Skype sah, auch noch dazu verdonnert wurde, 92 Euro mehr Unterhalt zu zahlen. Da das Kindergeld in den USA wegfiel, erhöhte sich sein Unterhalt. Indirekt zahlte die Stiefmutter diese 92 Euro, da der Vater bei seinem Gehalt mit der zusätzlichen Summe unter den Selbstbehalt gekommen wäre, sie aber gut verdiente.

Eine weitere Geschichte aus Absurdistan: Die Ex war ohne Absprache vom Saarland nach Brandenburg gezogen und hatte das Kind dort in der Schule angemeldet. Der Vater brauchte vier Monate, um überhaupt herauszufinden, wo sein Kind war. Handys wurden gewechselt, dem Kind erklärt, dass Papa keinen Kontakt mehr wolle. Als der Vater den Wohnort erfahren hatte, klagte er. Bis zum Termin dauerte es neun Monate. Das Gericht bestätigte ihm, dass der Umzug ohne Absprache rechtswidrig war, meinte aber, der Lebensmittelpunkt des Kindes wäre ja nun schon lange ein anderer. Deshalb solle das Kind in Brandenburg bleiben. Dann wurde um den Umgang gestritten, wieder verging viel Zeit, in der allerdings weder der Vater noch die Stiefmutter Kontakt zu dem Kind haben durften. Die Mutter war psychisch angeschlagen, und das Gericht erklärte, dass sie zunächst »geschont« werden müsse und sich daher nicht mit dem Vater auseinanderzusetzen bräuchte. Zwei Jahre später (!) wurde vom Gericht festgelegt, dass der Umgang – wegen der Entfernung – nur noch in den Ferien stattfinden sollte. Jeweils in sämtlichen Herbst-, Winter-, Oster- und Pfingstferien sowie in den ersten drei Wochen der Sommerferien. Aber was macht man, wenn die Ferien des Stiefkinds so gar nicht mit den Ferien des Bundeslands des Vaters übereinstimmen? Das ist das Problem der Stiefmutter, soll die sich doch damit auseinandersetzen, wie sie ihren Urlaub, den ihres Mannes, die Ferien der eigenen (gemeinsamen) Kinder und die der Stiefkinder unter einen Hut bekommt. Die Kindsmutter jedenfalls ist nicht verpflichtet, die gerichtliche Anordnung der Ferien flexibel zu gestalten. Ist das gerecht oder ist das einfach nur das deutsche Recht?

Völlig aberwitzig war folgende Situation, die mir eine Stiefmutter nicht ohne Galgenhumor erzählte: Ihr Mann, Vater von zwei Kindern, wurde von der Ex mit Unterstützung des Jugendamts vom Gericht für kindeswohlgefährdend erklärt. Pikanterweise lebt die Ex jetzt mit den Kindern und einem Mann zusammen, der seinerseits ebenfalls auf Betreiben seiner Ex für kindeswohlgefährdend erklärt wurde.

Mehrere Stiefmütter berichteten mir, dass ihr Mann weder von der Schule noch vom Kindergarten Auskünfte bekommt. Weder über schulische Leistungen noch über Fehlzeiten oder Klassenfahrten. Trotz geteiltem Sorgerecht. Die Erzieher berufen sich gern darauf, dass sie nur einmalig auskunftspflichtig seien und die Eltern sich dann untereinander informieren müssten. Nun ja, das wäre die heile Welt, dass man sich informiert, wenn ein gemeinsames Kind demnächst eine Klassenfahrt macht oder eine Sechs geschrieben hat. Leider sieht die Realität oft anders aus. Viele Stiefmütter sagten mir, sie und ihr Mann hätten erst eine Woche vorher von einer seit Monaten feststehenden Klassenfahrt erfahren – weil sie dann die 200 Euro dafür zahlen sollten. Wenn sie sich dann darauf berufen wollen, dass Kosten für eine Klassenfahrt vom Unterhalt zurückgelegt werden müssen, wird den Kindern erzählt, Papa würde ihnen die Fahrt nicht gönnen und darum nicht zahlen wollen.

Die traurigste Geschichte erfuhr ich von Birgit. Sie war seit sieben Jahren Vollzeit-Stiefmutter, kümmerte sich um die Stiefkinder und die eigenen Kinder, die alle mit ihr und ihrem Mann zusammenlebten. Die Mutter ihrer Stiefkinder sorgte sich gar nicht um diese, reagierte nicht auf Post – als wir miteinander sprachen, wusste Birgit nicht einmal, wo sie derzeit wohnte. Unterhalt zahlte die Mutter übrigens auch nicht. Birgits Mann arbeitete in Schichten, also erledigte sie den Alltag oft allein. Beim Jugendamt, wissend, dass die Kinder beim Vater und der Stiefmutter leben, sagte die neue Sachbearbeiterin zu ihr: »Sie sind nur die Stiefmutter, sie haben keine Rechte, was Auskünfte oder sonst was betrifft, und ich werde hier nicht weiter mit Ihnen diskutieren. Dafür ist die leibliche Mutter oder der Vater zuständig.«

Die Sachbearbeiterin hatte es nicht im Geringsten interessiert, dass Birgit diejenige ist, die den ganzen Tag für die Kinder zuständig ist. »Sie beharrte darauf, dass ich kein Recht habe, meinte sogar, ich solle mich aus der Sache raushalten und ob mir auch klar sei, dass ich mich strafbar mache, wenn ich zum Beispiel mit den Kindern zum Arzt ginge. Ich antwortete darauf: ›Ich komm mir gerade vor wie eine billige Haushälterin, wie ein Kindermädchen, so zumindest behandeln Sie mich.‹ Ihre Antwort war: ›Mehr sind Sie auch nicht, tut mir leid, wenn ich das jetzt so sagen muss.‹« Birgit verletzte das sehr. »Ich versorge die Kids, kümmere mich um alles, aber wenn es um das Recht geht, muss ich meine Klappe halten. Es macht mich unendlich traurig, was manche Leute von einer Stiefmutter denken, die alles dafür tut, dass ihre Stiefkinder glücklich sind. Leider bist du rechtlich tatsächlich ein Nichts, und so wirst du auch behandelt.«

Eine Traumwelt für Patchworker

Wenn beide Seiten tatsächlich ans Kind dächten und nicht an persönliche Befindlichkeiten, würden Mütter:

- den Bezug zum Vater nicht nur dulden, sondern fördern. Im Fachdeutsch heißt das »bindungstolerant sein«.

- die Stiefmutter als neue Partnerin des Exmannes und Bezugsperson der Kinder akzeptieren und unterstützen.
- niemals ihren Kindern mit auf den Weg geben, sie müssten sich von der Stiefmutter nichts sagen lassen.
- niemals versuchen, den Vater zum Zahlvater zu degradieren, der sich aber ansonsten in nichts einzumischen hat.
- niemals ohne Absprache und Zustimmung des Vaters wegziehen und bei seiner Zustimmung selbstverständlich die erhöhten Umgangskosten aus eigener Tasche zahlen.
- Kinder nicht mit zu kleinen oder dreckigen Kleidern zum Umgang schicken.
- den Umgang nicht immer wieder in letzter Minute absagen.
- die Kinder nicht gegen Vater beziehungsweise dessen neue Frau aufhetzen.
- den Umgang nicht nur gegen Geld zulassen.

Genauso würden aber auch Väter:

- den Unterhalt ohne Wenn und Aber zahlen, wenn sie dazu in der Lage sind.
- ihre Kinder zuverlässig sehen.
- einspringen, wenn Not ist, sich aber nicht erpressen lassen.
- ihre Kinder nicht als Ersatz mit Geschenken überschütten.
- ihre Kinder als Kinder und ihre Partnerin als Partnerin sehen.
- ihre Partnerin nicht bei allen Dingen, die das Kind betreffen, außen vor lassen. Und auch nicht alles auf die Stiefmutter abwälzen.

Generell würden:

- die Eltern miteinander sprechen, höflich und respektvoll.
- Vater und Mutter nicht mit den Kindern unabhängig voneinander über Beziehungsprobleme oder Trennungsgründe reden und so versuchen, das Kind auf die eigene Seite zu ziehen.
- die Kinder beide Großelternpaare regelmäßig sehen.
- die Kinder mit Papa/Mama so oft telefonieren können, wie sie es möchten, ohne dass eingegriffen wird.
- Eltern sich gegenseitig zuverlässig und rechtzeitig über außergewöhnliche Ereignisse oder Planungen informieren.
- Eltern niemals – auch nicht in Gedanken – einen Satz sagen wie: »Der dämliche Expartner ist schuld an allen Problemen, die mein Kind hat.«
- Eltern immer von »unserem Kind« sprechen.

Wieso werden Kinder zu Kriegsberichterstattern?

Ganz ernsthaft: Was tun wir da in Bezug auf Kinder und Familien? Wie kann es sein, dass Paare, die sich einmal geliebt und sich auf die Kinder gefreut haben, nur noch ein Ziel haben: sich zu zerfleischen und das Leben des anderen zu zerstören? Und Kinder, die lange als »Krönung unserer Liebe« dargestellt wurden, plötzlich zu einer Art Kriegsberichterstatter werden? Wie kann es sein, dass einst liebevolle Mütter zu egoistischen, raffgierigen Hexen mutieren und dabei vor Gericht auch noch unterstützt werden. Kein Wunder, dass nicht wenige Stiefmütter sich nach kurzer Zeit wieder trennen, weil sie die täglichen Kämpfe mit der Ex um Geld und Kinder nicht mehr miterleben wollten. Ich habe eine große Hochachtung für alle Frauen, die an der Seite ihres Partners bleiben und die Wut nicht auf seine Kinder übertragen.

»Ich hasse die Kinder meines Freundes«, lautete in einem Internetforum für Patchworkfamilien die Überschrift des meistkommentierten Thread. Der Diskussionsbeitrag der Stiefmutter endet mit den Worten: »Ich möchte jetzt bitte keine Kommentare, was ich doch für ein schlechter und gemeiner Mensch wäre usw. Das weiß ich selber. Bitte gebt mir einfach einen Rat, wie ich mit dieser Situation umgehen kann, und sagt mir nicht, wie kindisch und blöd ich mich verhalte. DANKE!« Die Antworten begannen zunächst mit: »Mir geht es genauso«; »Ich verstehe dich«; »Das sehe ich auch so«; »Ich kann dich gut verstehen«. Bis dann die von der Threadschreiberin befürchteten Kommentare kamen. Sie solle sich schämen und an die Kinder denken, die würden doch nichts dafür können.

Richtig, absolut richtig. Die Kinder können nichts dafür. Aber ich habe leider auch nicht den Eindruck, dass Scheidungsmütter immer in erster Linie an ihre Kinder denken. Manchmal ploppt vor meinem geistigen Auge das Bild einer machthungrigen, geldgierigen Glucke auf, die alles dafür tut, »IHRE« Kinder vor dem bösen »Erzeuger« zu »schützen«. Ich frage mich auch, warum Stiefmütter so oft (wenn auch manchmal zähneknirschend) sagen: In erster Linie geht es um das Kind und darum, etwas *für* das Kind zu tun. Bei den dazugehörigen Müttern habe ich häufig das Gefühl, die sagen etwas Ähnliches, handeln dann aber *gegen* das Kind und dessen Bedürfnis nach dem Vater. Trotzdem sprechen deutsche Familiengerichte der Mutter mehr

Rechte zu als dem Vater. Gerade wenn sie sich in den Anfangsjahren vorwiegend um die Kinder gekümmert haben.

Ich erinnere noch einmal daran: Ein ursprünglicher Anlass für die Scheidungsreform von 1977 war, dass man die schmutzige Wäsche, die vor Gericht gewaschen wurde, aus dem Spiel bringen wollte. Ein Paar sollte die Chance haben, sich zu trennen, ohne sich nachzuspionieren, ohne anschuldigende Behauptungen aufzustellen und den jeweils anderen Expartner vor den Kindern und der Außenwelt niederzumachen. Eine schöne Wunschvorstellung, die leider mit der Realität 2015 immer noch nichts zu tun hat. Heute geht es vielleicht nicht mehr um die Scheidung an sich, aber um die Kinder wird mit extremen und durchaus nicht immer sauberen Mitteln gekämpft. Ich erwähnte es schon mehrmals: Viele einstige Partner sind nach der Trennung auf einmal Alkoholiker oder gewalttätige Schläger, zahlen angeblich nie und beteiligen sich an gar keinen Kosten. Wie gehen deutsche Gerichte mit diesen Dingen um?

Allgemeiner Standard ist das gemeinsame Sorgerecht. Das passt oft genug dem betreuenden Elternteil nicht wirklich. Zwingt es doch dazu, weiterhin mit dem einstigen Partner in Kontakt zu bleiben. Der kann dann seine eigene Meinung formulieren und dadurch stören. Sei es bei der Wahl der Schule, des Wohnorts oder auch der ärztlichen Behandlung des Kindes. Seltsamerweise nimmt kaum ein betreuendes Elternteil diese »Einmischung« als echte Fürsorge gegenüber dem Kind wahr, auch nicht als eine andere Einstellung zu einer bestimmten Sache. Regelmäßig wird dem nicht betreuenden Elternteil unterstellt, nur schikanieren, quälen und erpressen zu wollen. Also versuchen viele Frauen das alleinige Sorgerecht zu bekommen.

Und dafür wird – Sie ahnen es – wieder schmutzige Wäsche gewaschen.

Eine weitere Ungerechtigkeit im Rechtswesen ist der Umgang mit den Kindern, die in den neuen Familien des Ex-Paares geboren werden. Eine geschiedene Mutter wird dabei anders behandelt als ein geschiedener Vater. Maren erzählte mir folgendes Beispiel: Ihr Mann hat zwei Kinder mit seiner Exfrau, der Junge lebt bei ihm, das Mädchen bei der Mutter. Beide Eltern müssten jeweils dem anderen Kindesunterhalt zahlen, da nicht ein Kindesunterhalt gegen den anderen aufgerechnet werden darf. Soweit die Theorie. In der Praxis sieht es allerdings so aus, dass ihr Mann zwar für seine bei der Mutter lebende Tochter zahlt, für seinen bei ihm lebenden Sohn aber von der Mutter keinen Cent sieht. Wie kommt das? In dem hier aufgeführten Fall ist es so, dass die Exfrau wieder schwanger ist. Daher ist es ihr laut Gesetz drei Jahre lang nicht zuzumuten, arbeiten zu gehen. Ihre Unterhaltspflicht setzt in dieser Zeit aus. Diese Unterhaltsaussetzung gilt aber nur für Mütter. Dass auch der Mann mittlerweile mit Maren zwei Kinder bekommen hat, wird anders gewertet. Kein Richter würde das als Grund akzeptieren, dass ein Mann drei Jahre lang keinen Unterhalt zahlt. Er muss weiter arbeiten. Im Klartext heißt das: Eine Frau kann sich ihrer Barunterhaltspflicht jederzeit durch ein neues Kind entziehen, ein Mann nicht. Sollten nicht eigentlich beide Expartner vor einer neuen Schwangerschaft darüber nachdenken müssen, wie die Kinder aus der neuen und der alten Beziehung finanziert werden?

Möglichkeiten, etwas zu verbessern, gibt es genug

Stiefmütter allein können gar nichts ändern, sie sind, wie an Birgits Beispiel deutlich wurde, rechtlos. Aber zusammen mit ihren Männern könnten sie Forderungen durchsetzen, die das Leben einfacher machen würden. Betreffen würde das alle. Dazu vierzehn Vorschläge, die sich aus meinen Recherchen ergeben haben:

1. Väterquote bei Scheidungen

Nachdem viele Frauen sich erfolgreich emanzipiert haben, wird es Zeit für eine Väterquote vor Familiengerichten. Wenn die Eltern sich beide um das Kind kümmern wollen, sich aber nicht einigen können, wo der »Hauptwohnsitz« des Kindes nach der Scheidung sein soll, müssten Richter in der Hälfte der Fälle generell für die Väter entscheiden. Schnell wäre dann Schluss mit Grabenkämpfen, Jugendamtsverhandlungen und Sorgerechtsprozessen. Die Mütter könnten sich dann nicht mehr sicher sein, die Kinder zu bekommen. Sie wären sicherlich kompromissbereiter und gewillt, Absprachen ohne Gericht auf friedliche Art zu treffen.

Als Stiefmutter erheben Sie jetzt vielleicht Einspruch und sagen: »Wie bitte? Dann habe ich seine Kinder ja jeden Tag bei uns. Ist das denn besser?« Ich antworte darauf mit einem klaren Ja. Stiefmütter, deren Stiefkinder bei ihnen leben, sind durchschnittlich zufriedener mit der Situation, als Wochenend-Stiefmütter. Sie haben Einfluss auf die Kinder, können klare Regeln aufstellen und durchsetzen und erleben ihre Männer nicht mehr allein als »Schönwetterväter«, sondern als Alltags-Papa. Eine Stiefmutter, die mit Mann und Stiefkindern zusammenlebt, sieht die Kinder nach einer gewissen Eingewöhnungszeit meist als Teil ihres Lebens an. Eine Sicht, um die Besuchsstiefmütter sie oft beneiden. Und das Ziel der Männerquote soll ja nicht nur sein, die Kinder zum Vater zu bringen, sondern die Selbstverständlichkeit zu unterbinden, mit der manche Mutter die gemeinsamen Kinder als ihr »Eigentum« ansieht und gegen den Vater ausspielt. Mit den aktuellen Gesetzen ist ihr das leicht möglich, ein Sechser im Lotto ist wahrscheinlicher als dass ein Kind ohne besondere Vorkommnisse vom Gericht dem Vater »zugesprochen« wird.

Spielen wir das Szenario doch einmal durch: Im Jahr werden durchschnittlich 180 000 bis 200 000 Ehen geschieden. Die Hälfte der betroffenen Paare hat Kinder unter achtzehn; rund 150 000 Scheidungskinder gibt es also pro Jahr. Bisher werden die zu über 90 Prozent der Mutter als betreuendem Elternteil zugesprochen, selbst wenn der Vater vor Gericht dafür kämpft, dass er zumindest 50 Prozent der Betreuung übernehmen möchte (das sogenannte Wechselmodell). Der Vater bleibt der Besuchs-Papa, manchmal wird er sogar zum Zahlmeister degradiert. Wie gesagt, ich spreche hier von Vätern, die sich für ihre Kinder interessieren, nicht von denen, die Kinder in die Welt setzen und sich dann nach Timbuktu absetzen.

Würde man also eine »Väterquote« bei Gericht etablieren, und müssten Richter bei der Hälfte der strittigen Trennungen die Kinder dem Vater zusprechen, würde das »mütterdominierte System«, das viele Väter dem deutschen Familienrecht ankreiden, sehr schnell zusammenbrechen. Die Gesprächsbereitschaft der Expartner würde sich deutlich erhöhen. Dann wäre die Trennung wieder auf einer Ebene, auf der sie sein sollte: der der Erwachsenen.

2. Das Wechselmodell als gesetzliche Grundlage

Ebenso könnte man verlangen, das Wechselmodell – das Kind ist gleich viel bei Vater und Mutter – als gesetzliche Grundlage bei einer Scheidung einzuführen. Damit könnte man erreichen, dass die ursprüngliche Intention der Scheidungsreform von 1977 endlich verwirklicht wird. Beide Elternteile können dadurch nach der Scheidung finanziell unabhängig voneinander weiterleben und sich gemeinsam um das Kind kümmern. Ein Vorteil hierbei wäre, dass die Eltern die gleiche Ausgangsbasis haben, wenn es um die berufliche Tätigkeit und die Kindesfürsorge geht. Experten sind auch der Meinung, dass dadurch das Verständnis füreinander wächst.

Denkt ein Vater vielleicht, die Mutter würde seinen Kindesunterhalt nicht für das Kind nutzen, sondern ins Nagelstudio oder zum Friseur tragen, bekommt er mehr Verständnis für die Kosten, die ein Kind mit sich bringt, wenn er den Alltag mit seinem Nachwuchs selbst erlebt. Umgekehrt lastet nicht mehr die ganze Erziehungsarbeit auf der Mutter, und sie muss nicht mehr gegen das Wochenend-Bespaßungsprogramm des Vaters angehen, wenn das Kind wieder zu ihr zurückkommt.

Das Wechselmodell als gesetzliche Grundlage nach einer Scheidung würde weiterhin verhindern, dass Mütter irgendwann in einer Altersarmut enden. Sie hätten dann die gleichen Möglichkeiten, ihrem Beruf nachzugehen, wie ihr Expartner. Natürlich muss das Wechselmodell nicht angewandt werden, wenn sich das Paar untereinander einigt, die Betreuung nur einem Elternteil zu überlassen, und der andere freiwillig Unterhalt zahlt. Aber die Erpressungsmöglichkeiten, sprich: ein Umgangsboykott oder ein Wegzug mit Kind, würden sich entscheidend reduzieren.

Ob sich dadurch allerdings auch die Probleme der Stiefmütter reduzieren, ist schwer zu beantworten. Ich habe mit zu vielen gesprochen, die große Schwierigkeiten mit dem Wechselmodell haben. Jedes Mal benötigen die Kinder eine Eingewöhnungszeit, kaum ist alles im Normalmodus, packen sie schon wieder ihre Sachen. Die Stiefmütter beklagen, dass es zu wenig berechenbare Faktoren gäbe, gerade dann, wenn das Wechselmodell von den Eltern großzügig gehandhabt wird und die Kinder mitbestimmen, wann sie kommen und gehen dürfen. Gerade Stiefmütter, die erst spät in eine solche Konstellation hineinstoßen, empfinden das Wechselmodell als sehr anstrengend. Doch ein Vorteil wäre, dass die Kinder von den Müttern dann weniger aufgehetzt werden können und somit wenigstens die Chance auf einen guten Kontakt zwischen Stiefkind und Stiefmutter besteht. Stiefmütter, deren Männer auf einer vernünftigen Ebene mit der Ex kommunizieren können, leiden erfahrungsgemäß weniger als solche, die mit einer (H)Ex konfrontiert sind.

3. Ein festes Familiengericht für immer

In strittigen Fällen ist heute das Familiengericht zuständig, in dessen Bezirk das Kind überwiegend seinen Aufenthalt hat. Mit der Konsequenz, dass bei mehreren Umzügen immer wieder neue Gerichte zuständig sind, die oft genug von den letzten Abmachungen und Beschlüssen keine Ahnung haben. Warum kann das Familiengericht, in dessen Zuständigkeit die Familie vor der Trennung lebte, nicht weiterhin für alle Streitigkeiten zuständig sein? So wäre es nicht möglich, durch einen Wegzug die Weichen neu zu stellen, auch wären sämtliche Akten und Beschlüsse an einem Ort gebündelt.

4. Das Cochemer Modell

Im Cochemer Modell – ein vernetztes Arbeitsmodell für familiengerichtliche Verfahren, das 1992 in Cochem an der Mosel initiiert wurde – ist ein schneller Gerichtstermin Pflicht, das heißt, innerhalb von zwei Wochen. Bei dieser Praxis, der sich mittlerweile rund 600 der ungefähr 25 000 deutschen Familienrichter angeschlossen haben, wird auch das gemeinsame Sorgerecht nicht angezweifelt. Stattdessen wird viel Wert auf Kommunikation der Expartner und Bindungstoleranz gelegt. Dazu arbeiten sämtliche an Familiengerichtsprozessen beteiligten Ämter und Personen wie Richter, Anwälte, Jugendamtsmitarbeiter, Beistände etc. eng zusammen. Ein, wie ich finde, guter Weg, der bundesweit eingeschlagen werden sollte.

5. Umgang und Unterhalt miteinander koppeln

Mütter, die den Kontakt mit den Vätern verhindern, müssten in einem solchen Fall automatisch erklären, dass sie fortan den Unterhalt des Kindes allein zahlen wollen. Und zahlungsfähige Väter, die den Kontakt mit den Kindern nicht wünschen, erklären sich mit dieser Weigerung bereit, doppelten Unterhalt zu zahlen. Das derzeitige Recht ist anders: Unterhalt und Kontakt werden vollkommen getrennt geregelt.

6. Keine Steuerklasse 1 für unterhaltspflichtige und zahlende Väter

Ich war wirklich schockiert, als ich erfuhr, dass mein heutiger Mann, der drei Kindern Unterhalt zahlt und ihnen das Studium finanziert, in derselben Steuerklasse war wie ich als Single ohne Anhang. Das Auto, den Computer, die Putzfrau, den Gärtner sowie dubiose Flugzeug- oder Öltankerfonds können Steuerzahler absetzen – nur die Kosten für die Kinder nicht. Ich würde die Steuerklasse E fordern. E für Eltern, die für ihre Kinder zahlen. In dieser Steuerklasse dürften dann alle Kosten für Kinder angegeben werden, dafür sollten andere Dinge nicht absetzbar sein. Jeder sollte wählen können, was für ihn vorteilhafter ist.

7. Elternzeit für die Zweitfamilie

Zu wünschen ist auch, dass die Rechte der zweiten Frauen auf eine eigene Familie gestärkt werden, denn bislang ist eine zweite Familie vielfach nur eine Familie zweiter Klasse. Väter sollten Elternzeiten nehmen können, selbst wenn sie unterhaltspflichtig sind. Reicht es dann zum Unterhalt nicht, wäre für diese Zeit eine Aufstockung durch das Jobcenter denkbar. Väter können diese Aufstockung heute schon für den Umgang mit der ersten Familie beantragen – doch warum fehlen diese Möglichkeiten für die zweite Familie? Würde sich die zweite Familie auflösen, könnte der Mann für den Unterhalt seiner Kinder aus dieser Beziehung genauso aufstocken wie für den der ersten Familie. Warum kann das nicht auch während einer Vaterzeit gelten, solange in der zweiten Familie noch alles in Ordnung ist und man gemeinsam für ein neues Baby sorgen möchte?

8. Rechtliche Aufwertung der Vollzeit-Stiefmutter

Stiefmütter sind zwar mit in der Pflicht, was den Unterhalt betrifft, wenn bei ihren Männern der Selbstbehalt gekürzt wird und sie ihm »Taschengeld« zahlen müssen, aber Rechte haben sie nicht. Und die könnten Vollzeit-Stiefmütter gut gebrauchen, damit sie nicht von Ämtern als »minderwertig« gesehen werden, auch wenn die Kinder bei ihnen leben. Aber auch Besuchs-Stiefmütter brauchen mehr Rechte. Etwa bei der Abstimmung von Ferien der Stiefkinder, die in einem anderen Bundesland leben, mit den Ferien der eigenen Kinder. Wenn der Umgang mit den Kindern aus der ersten Familie durch ein Gericht festgelegt wird, interessieren die Ferienzeiten der Kinder der Stiefmütter nicht. Nicht einmal dann, wenn beide Kinder denselben Vater haben. Warum kann nicht generell zum Beispiel bei der Festlegung von Ferienzeiten beschlossen werden, dass die ersten drei Wochen übereinstimmender Sommerferien Umgangszeit sind, statt einfach die ersten drei Wochen festzulegen?

9. Kein Bonus für die Erstfamilie auf Kosten der Zweitfamilie

Bei einer Wiederheirat des Vaters und eines anschließenden Ehegattensplittings, bei dem also dem frischgetrauten Paar mehr »Netto« bleibt, bekommt auch die erste Familie mehr Unterhalt. Warum muss dieses Mehr aus der Haushaltskasse des zweiten Paares teilweise an die erste Familie fließen? Die hat mit dieser Ehe doch gar nichts zu tun. Der finanzielle Vorteil sollte allein der zweiten Familie vorbehalten werden. Der Vater muss ja auch nicht weniger Unterhalt zahlen, wenn die Mutter einen Millionär heiratet.

10. Informationspflicht von Schulen, Kindergärten, Ärzten und Behörden an beide Eltern

Bei einem gemeinsamen Sorgerecht müssten immer beide Eltern informiert werden. Es entsteht dadurch nicht die unwürdige Situation, dass Vater und Stiefmutter bei allem außen vor bleiben und ständig auf Informationen durch die Mutter angewiesen sind – die diese im Zweifel auch gern einmal nicht weitergibt.

11. Kein Umzug ohne Folgen

Wenn ein betreuender Elternteil ohne Absprache und Übereinkunft über fünfzig Kilometer entfernt vom früheren gemeinsamen Wohnort eine neue Bleibe sucht, sollte er/sie generell für die Anreise- und Umgangskosten aufkommen. In vielen zweiten Familien belaufen sich allein die Umgangskosten auf mehrere hundert Euro monatlich, weil die Mutter ans andere Ende der Republik gezogen ist. Diese Umgangskosten (etwa Bahntickets) sollten automatisch vom Unterhalt abgezogen werden können, damit sich der umzugswillige Elternteil bereits vorher im Klaren darüber ist, welche Folgen dieser Wegzug haben kann. Alternativ wäre auch eine Regelung interessant, nach der die Kinder im Streitfall im bisherigen Wohnort belassen werden müssen, sprich: beim anderen Elternteil. Also: kein Umzug der Mutter ohne Folgen!

12. Verteilung der Kosten nach dem Aufenthalt des Kindes

Derzeit wird bei der Berechnung der Unterhaltshöhe kein Unterschied gemacht, ob der Vater einen Umgang mit seinem Kind hat oder nicht. Ein Vater, der sein Kind fast die Hälfte des Monats bei sich hat, muss trotzdem den vollen Barunterhalt an die Mutter zahlen. Erst bei einem echten Wechselmodell, also einer fünfzigprozentigen Aufteilung, wird gegeneinander aufgerechnet. Ist das gerecht? Nein, aber ein nachvollziehbarer Grund, warum sich viele Mütter gegen das Wechselmodel sträuben. Sie würden dann den Unterhalt des Vaters verlieren. Darum akzeptieren viele Mütter nur eine maximale Aufenthaltsdauer von 49 Prozent beim Vater.

13. Beteiligung beider Eltern am Barunterhalt

Heute sieht der Gesetzgeber vor, dass ein Elternteil allein den kompletten finanziellen Bedarf des Kindes tragen soll. Das andere Elternteil ist »nur« für Erziehung und Betreuung zuständig. Es wird jedoch Zeit für eine individualisierte Rechnung, so wie beim Wechselmodell. Bei diesem wird das Einkommen beider Eltern addiert, und entsprechend der Summe wird der Unterhalt nach der Düsseldorfer Tabelle bestimmt. Bei dem »normalen« Wochenendbesuchsmodell wird nur anhand des barunterhaltspflichtigen Elternteils gerechnet. Auch wenn die Mutter arbeitet, zahlen muss sie nicht. Und das über vierzig Jahre nach dem Aus der »Hausfrauenehe«. Beide Eltern sollten sowohl für die Betreuung als auch für die Kosten zuständig sein. In Belgien wird zum Beispiel individuell gerechnet. Betreut der Vater sein Kind 40 Prozent der Zeit, steuert er 60 Prozent des Barunterhalts bei.

14. Kürzung für beide bei einer neuen Lebensgemeinschaft

Einem Unterhaltszahler wird der Selbstbehalt gekürzt, wenn er mit einem Partner zusammenzieht, bei einem betreuenden Elternteil macht es hingegen keinen Unterschied, ob er allein lebt oder nicht. Wenn einerseits die Argumentation lautet, dass die laufenden Kosten für einen Vater geringer sind, wenn er sich in einer Partnerschaft befindet, müsste das gleiche Argument ebenso für die Mutter gelten. Lebt sie mit einem neuen Mann und womöglich weiteren Kindern zusammen, sind auch ihre Kosten für das Kind geringer. Gerechterweise sollte also hier neu berechnet werden können.

Resümee: So kann es nicht weitergehen

So wie es gerade läuft, kann es nicht weitergehen. Alle sind unzufrieden. Mütter, Väter und Stiefmütter. Die Gesetze müssen an die Realität angepasst werden. Mütter sind nicht generell die Guten, die Aufopferungswilligen, als die sie sich gern darstellen. Und Väter machen nicht nur einen großen Bogen um ihre Kinder, sondern wollen sich um sie kümmern, Zeit mit ihnen verbringen und Verantwortung tragen. Sie zu Zahlmeistern zu degradieren, kommt einem fast altertümlich vor. Es ist an der Zeit zu fordern, dass geschiedene Paare für ihre Kinder zu gleichen Teilen Verantwortung übernehmen. Und wer sich dem entzieht, sollte umgehend Konsequenzen spüren.

Wir wollen eine moderne Gesellschaft? Dann sollte auch die Gesetzgebung danach ausgerichtet sein. Mit einer gemeinsamen, gleichberechtigten Verantwortung beider Eltern für die Kinder und einer Selbstverantwortung für die Erwachsenen.

Für uns Stiefmütter wünsche ich mir ein gesellschaftliches Umdenken. Vielleicht sollten wir einen neuen Begriff für uns prägen. »Vizemutter« oder »Vize-Mom« gefallen mir ganz gut. Auch das norddeutsche »Steppmuddi« (Mischung aus dem englischen *stepmother* und der Hamburger Aussprache von Mutti) mag ich. Vom »Beutekind« zu sprechen, zeigt schwarzen Humor. Aber letzten Endes kommt es nicht auf die Begrifflichkeit an, sondern auf unseren Umgang mit neuen Familienmodellen. Die heile Welt existiert im Patchwork nicht, die gab es ja noch nicht einmal in der ersten Familie. Stehen wir zu unseren Problemen, verschweigen wir sie nicht. Erst wenn wir alle offen über unsere Schwierigkeiten sprechen, können wir etwas ändern. Als Etappenziel zunächst am heimischen Esstisch und im Freundeskreis und als Finale dann in der Familiengesetzgebung. Machen wir uns sichtbar! Schreien wir so laut, dass uns vom Bundestag in Berlin bis zum ZDF-Gebäude auf dem Lerchenberg in Mainz niemand mehr überhören kann. Denn nur wenn wir laut genug sind, werden wir wahrgenommen.

Literatur zum Weiterlesen

Früh-Naumann, Doris: Im Schatten der Ersten. Wie Partnerschaft mit einem geschiedenen Mann gelingen kann. München 2008

Grünewald, Katharina: Glückliche Stiefmutter. Geht's mir gut, geht's allen gut. Freiburg im Breisgau 2015

Kiesewetter, Ina, und Wagner, Petra: Eine Woche Mama, eine Woche Papa. Wie Kinder getrennter Eltern gut leben. Freiburg im Breisgau 2012

Lovenberg, Felicitas von: Und plötzlich war ich zu sechst. Aus dem Leben einer ganz normalen Patchwork-Familie. Frankfurt am Main 2014

Winterhoff, Michael: Warum unsere Kinder Tyrannen werden. Oder: Die Abschaffung der Kindheit. Gütersloh 2008

Winterhoff, Michael: Tyrannen müssen nicht sein. Warum Erziehung nicht reicht – Auswege. Gütersloh 2009

Nützliche Adressen

Besuchsväter übernachten kostenfrei

Das »Flechtwerk 2+1« bietet getrennt lebenden Vätern und Müttern bundesweit kostenfreie Übernachtungsmöglichkeiten bei Gastgebern, damit sie ihr Kind in einer entfernten Stadt besuchen können, vermittelt am Besuchsort ein »Kinderzimmer auf Zeit« und stärkt Väter/Mütter durch individuelles Elterncoaching: www.mein-papa-kommt.info. E-Mail: info@mein-papa-kommt.de. Telefon: 0 89/7 44 20 04 45.

Austausch mit anderen Stiefmüttern

Sie können mich auf http://stiefmutterblog.com oder auf Facebook unter »Susanne Petermann« besuchen. Ich freue mich auf Sie. Auf Facebook findet man auch hilfreiche und nützliche Gruppen, in denen man sich austauschen kann und Rat und Unterstützung bekommt. Die Gruppen sind geschlossen, das bedeutet, dass nicht jeder auf der Startseite sehen kann, was gefragt wird. Zum Beispiel:

- Stiefmutter: Beziehung mit Mann mit Kind ... schwer!
- Stiefmutter – Austausch und Probleme

- Unterhalt und Sorgerecht (Väter & Mütter) – Stammtisch
- Sorgerecht-Umgangsregelung-ABR und du!

Urteile

Immer wieder hilfreich ist es, Urteile unterschiedlicher Familiengerichte zu lesen und so einen Eindruck zu bekommen, was die gängige Rechtsprechung ist. Dazu sind Internetseiten wie http://dejure.org oder www.rechtplus.de/urteile/nav_urteile/_nav_fam.php (hier sind Urteile zum Einsehen aufgelistet) sehr hilfreich. Einige Stiefmütter, die ich kennengelernt habe, fanden zum Beispiel das Urteil von Monschau (AG Monschau, 31.03.2003 – 6 F 107/02) sehr interessant. In diesem wurde beschlossen, dass Unterhalt gekürzt werden kann, wenn die Mutter nicht ausreichend Kleidung zum Umgang mitgibt und der Vater demzufolge einkaufen gehen muss.

Therapie

Infos über Gruppen für Stiefmütter und -väter und über eine individuelle Beratung für Patchworkfamilien bekommen Sie bei der Diplom-Psychologin Katharina Grünewald: www.patchworkfamilien.com oder per E-Mail unter beratung@patchworkfamilien.com. Telefon 02 21 / 26 06 04 40.

Rechtsberatung

Den Familienanwalt Dr. Michael Greulich erreichen Sie unter: www.koepenicker-rechtsanwaelte.de/.
Telefon: 0 30 / 6 44 99 12 50.

Papa-Kind-Urlaub

Mit mehreren Spezialreiseveranstaltern entstand die Plattform: www.vater-kind-urlaub.de. Gemeinsam zelten, auf Bäume klettern, eine Höhlentour – vor allem kleine Abenteuer in der Natur sind für Vater-Sohn-Urlaube beliebt.

Dank

Ich möchte mich bei allen Frauen bedanken, mit denen ich für dieses Buch gesprochen habe. Ihr seid toll, und ich bewundere euch dafür, was ihr täglich stemmt! Eure Geschichten haben diesem Buch Leben gegeben. Ich wünsche uns allen, dass dieses Buch dabei hilft, dass zweite Familien ein zufriedeneres Leben führen können.

Auch bei meiner Literaturagentin Bettina Querfurth, meiner Lektorin Regina Carstensen und der Verlagsleiterin Britta Hansen möchte ich mich bedanken. Ihr Input und ihre Ideen haben viel zu diesem Buch beigetragen.

Ein großes Dankeschön geht an alle Experten, die mir mit Rat und Tat zur Seite standen und nicht müde wurden, meine Fragen zu beantworten.

Mein inniger Dank gilt meinem Mann, dem besten Ehemann von allen, und seinen beiden jüngeren Kindern. Ihr habt mir gezeigt, dass Stiefmutter sein schöne Seiten haben kann und nach jedem Tief ein Hoch folgt.

Mein letzter Dank geht an meine älteste Stieftochter. Ohne sie wäre ich niemals auf die Idee gekommen, ein Buch zu schreiben; und die Arbeit daran hat wirklich Freude gemacht. Wer weiß, vielleicht sitzen wir ja eines Tages wieder gemeinsam unter einem Weihnachtsbaum und essen Waffeln.